김영진 수필집

먹이사슬

CHARMYUN

추천사

〈576세대의 추억을 짚어보는 소중한 작품〉

북 칼럼니스트, 의학박사 양 기 화

김영진위원님의 문집을 읽은 느낌을 적으면서 송구하면서도 대단한 영광이라는 말씀을 먼저 드립니다. 시원치 않은 글 솜씨가 오히려 김 위원님의 문집에 흠을 남기게 될까 조심스럽기도 합니다. 누군가의 책에 제 글을 싣게 되는 것이 처음이라서 어떤 내용으로 써야 하나 며칠을 두고 고민을 하였습니다.

연초에 건네주셨던 〈담배와 금연요법〉을 읽고 글 솜씨가 대단하시다는 것은 이미 알고 있었습니다. 담배의 폐해에 관한 전문적인 내용을 일반인도 쉽게 이해할 수 있도록 풀어내셨기 때문입니다. 그런데 이번에는 문집을 내셨다고 보내주셔서 깜짝 놀랐습니다. 목차를 살펴보니 수필에다 소설까지 망라하고 있었고, 문학적 깊이도 도도했기 때문입니다.

가끔 원고청탁을 받곤 하지만 성격이 모호한 글을 쓰고 있다는 생각을 하던 참입니다.

그런데 위원님께서 머리말에 정리해두신 '수필의 정의' 를 보니 제가 쓰는 글도 크게는 수필의 범주에 들어간다는 것을 알게 되었습니다. 역시 책은 머리말부터 꼼꼼하게 읽어야 하는 게 맞습니다.

〈먹이사슬〉은 수필과 소설로 문단에 등단한 후 그 동안 호평을 받은 작품들을 모아 엮었다 하니 김 위원님을 작가라고 부르는 게 옳을 것 같습니다.

〈먹이사슬〉은 열네 편의 경수필을 첫 묶음으로 하고, 다음 묶음은 한편의 연작 중수필로 구성되었으며, 마지막으로는 세 편의 소설들을 모아 엮었습니다. 보통, 가벼운 단편소설은 그다지 심오함이 깊지 않은 편이지만 김 작가의 소설은 읽는 동안 저도 모르게 스르르 몰입되어버린다는 느낌을 받았습니다.

방역이라는 개념이 없던 그 옛날 장티푸스가 번지는 시골에서 일어난 가슴 아픈 사건을 다룬 소설 '수리부엉이' 는 아무래도 의학을 전공한 탓에 실감이 더했습니다.

소설 '황금벌판' 은 선대로부터 물려받은 것 없는 가난한 농군이 꿈을 이루기 위해 애쓰는 과정 자체가 안쓰러울 정도입니다. 쌀이 남아도는 요즘, 보통사람들은 실감하지 못하겠지만 논 한마지기에 목을 매던 옛날 농부들이 이 글을 읽는다면 아마도 절절한 감정이 복받칠 것 같습니다. 여기에 더하여 우리사회의 구조가 바뀌는 시대적 길목에서 숙명적인 좌절에 빠져드는 주인공이 너무 애처롭기까지 합니다.

소설 '남양의 절벽 위에 서다' 는 저에게는 생소한 바다낚시를 소재로 하고 있습니다. 대물을 건 주인공의 그 짜릿한 감정을 제대로 이해할 수는 없었습니다만, 끝까지 포기하지 않고 사투 끝에 끌어울리는 집념에 박수가 절로 나오게 되는 것 같습니다. 남국 바다의 모습은 물론 낚시가 진행되는 과정이 섬세하게 묘사되어 있어 글을 읽는 제가 마치 남양 절벽 위에 서 있다는 느낌이 들었습니다.

중수필로 실린 '현대의학이 걸어온 길' 은 의학의 역사에서 가려 뽑은 주제를 다루고 있어서 일부 독자들에게는 생소할 것 같다는 생각입니다. 하지만 동양의학과 마찬가지로 여건이 비슷했던 전통의학에 뿌리를 둔 서양의학이 현대의학으로 성장할 수 있었던 계기가 잘 정리된 점이 주목할 만합니다. 저 역시 서양의학의 역사에 관심을 가지고 관련서적들을 두로 섭렵한 바 있어 김 작가께서 이야기하려는 뜻을 잘 이해할 수 있었습니다.

〈먹이사슬〉에 실린 작품들을 뒤에서부터 거슬러 살펴보는 것이 편치 않으실 수도 있습니다. 맛있는 것을 먼저 먹는 어린이가 있는가 하면 맛있는 것을 맨 나중에 먹으려고 아껴두는 어린이도 있습니다.

아무래도 저는 후자에 속하는 것 같습니다. 그래서 소설도 좋고 중수필도 좋았지만 앞부분의 경수필들에서 느낀 소감이 더욱 좋았기 때문에 맨 마지막에서 논하고자 하는 것입니다.

경수필은 아주 다양한 주제를 다루었습니다. 국내외 여행기나 세시(歲時)에 관한 이야기들도 있고, 문필가로 활동하면서 만난 인연을 소개하는 글도 있습니다. 그 중에서 가장 마음이 끌린 글은 문집의 표제이기도 한 연작수필 '먹이사슬' 입니다.

돼지, 닭, 누렁이 등 시골집 근처에서 흔히 보던 동물가족은 물론, 메뚜기, 우렁이 그리고 가물치 등 어린 시절을 보내던 고향에 대한 아련한 추억을 담은 글입니다.

'마른 논바닥을 거닐며 자세히 살펴보면 손가락이 하나 들어갈 만한 작은 구멍들이 숭숭 뚫려있다. 그 구멍에 손가락을 깊숙이 찔러 넣으면 딱딱하고 차가운 감촉이 손가락 끝에 와 닿는다.(46쪽)' 우렁이 구멍에 손가락을 넣어본 사람만이 이 글에서 표출되는 감동을 공유할 수 있습니다.

연작수필 '먹이사슬'에 특히 마음이 가는 것은 저 역시 김 작가처럼 시골에서 자랐기 때문이 아닐까 싶습니다. 그리고 보면 김 작가께서 저와 연배가 비슷할 뿐 아니라 성장배경까지도 비슷한 데가 많아 글의 울림이 더욱 가슴에 와 닿는 것 같습니다.

세월이 흐르면 옛날의 기억은 점차 가물가물해지기 마련입니다. 그래서 글로, 혹은 영상으로 기억을 보강해주어야 하는 것입니다. 하지만 옛일을 말해주는 분들이 많지 않은데다가 그마저도 점점 줄어들고 있어 아쉽기만 합니다.

그런 점에서 김 작가님의 〈먹이사슬〉은 576세대에게는 옛 추억을 되돌아보는 소중한 기록이 될 것입니다. 다시금 옛일을 기억할 수 있게 해 주심에 감사드리며 앞으로도 더욱 많은 추억거리를 남겨주시길 부탁드립니다.

2015년 12월 1일

양 기 화

*편집자 주 ; 필자는 현재 건강보험심사평가원 상근평가위원으로 계십니다.

지은이 머리말

그 동안 여러 권의 전문의학 서적을 집필해왔지만 순수한 문집을 내는 것은 이번이 처음이라서 탈고를 목전에 두고 보니 보람이나 기쁨보다는 막연한 두려움과 부끄러움이 앞섭니다.

사실 제가 취미로 써 온 수필이나 소설은 스스로 만년습작의 수준에서 벗어나지 못한다고 여겨 왔지만 그래도 용기를 내어 문단에서 호평을 받았던 몇몇 작품을 위주로 글 모음집을 엮게 되었습니다.

특히 10여 년 전에 저의 유일한 문학적 스승이나 다름없는 중문학자이자 수필가인 허세욱 전 고려대교수님을 만나 수필과 소설 창작에 많은 지도를 받았던 경험이 이 책을 내는데 큰 힘이 되었습니다.

저는 초등학교에 다닐 때부터 산문을 즐겨 써 왔습니다. 원래는 시를 써 보고 싶었던 시인 지망생이었지만 함축적이고 상징적인 시적문구를 구성하는 데 능력의 한계를 느끼고 일종의 기초문학이라 할 수 있는 산문을 선택하게 되었습니다.

누구나 쓸 수 있고 큰 부담 없이 읽을 수 있는 수필은 산문문학의 한 분야입니다. 수필은 형식의 제약이 없고 내용에 있어서도 자연이나 인간, 역사, 사회에 관한 견문, 비평, 사색 또는 연구, 고증 등 다방면에 걸쳐 붓이 가는대로 적어나가는 것입니다. 또한 형태가 무척 자유로워서 다루고자 하는 모든 분야에 걸쳐 필자의 직접적이거나 간접적인 묘사가 가능합니다.

즉 수필은 소설이나 희곡처럼 서술적 표현으로 구성되는 형태면서도 기승전결과 같은 형식상의 제약이 없어 작가의 의도를 자유롭게 표현할 수 있는 것입니다.

이 책 '먹이사슬'에 수록된 수필 제목이나 내용에서 보듯이 인간이나 의학, 역사, 자연의 어느 한 가지만 다룰 수도 있고 여러 가지 사안에 대하여 준비되고 구성되는 대로 토막토막 나누어 서술할 수도 있습니다.

시는 축약된 정서적 승화와 은유의 기법으로 내면세계를 통해 작가와의 교류가 이어지고 소설은 표현이란 큰 틀 뒤에 설정된 고유의 색채나 분위기와 독자가 풀어나가야 할 줄거리가 복합되어 잠재해있게 됩니다.

반면 수필은 작가의 심정이나 개성, 취미, 삶의 자취 등이 감동의 원천으로 흘러나오는 일종의 고백문학 범주에 속합니다.

그러므로 수필은 인생이나 사회, 역사, 자연 등 작가주변의 모든 것에 대해 느낀바와 생각나는 것을 자유자재로 쓸 수 있습니다.

단순한 산문으로 치부되던 일기나 서간문, 감상문, 수상문, 기행문 등도 넓은 의미로 보면 수필의 범주에 포함됩니다. 즉 수필은 그 소재의 선택에 구속받지 않고 작가의 정서와 해학과 함께 신비의 이미지까지 표현할 수 있는 기지문학의 일종인 것입니다.

수필을 내용이 가지는 성격에 따라 크게 분류하자면 일단 에세이(Essay)와 미셀러니(Miscellany)로 나눌 수 있습니다. 에세이는 지적, 객관적, 논리적, 사회적 성격을 가진 글로써 사설이나 소평론 등이 이에 속합니다.

반면 미셀러니는 감성적, 주관적, 개인적, 정서적 특징을 지닌 수상록이나 저자의 신변이야기 등을 말하는 것입니다.

또 다른 분류로는 몽테뉴 형의 경수필과 베이컨형의 중수필로 나누기도 합니다. 경수필은 신변, 사색, 서간, 기행수필 등이며 중수필은 의학, 과학, 철학, 종교 등 객관적이고 사회적 성격을 띤 글이 이에 속합니다.

수필은 이처럼 주제가 다양하고 표현이 자유롭기 때문에 시나 소설, 꽁트 등 다른 문학양식과 적절하게 조화시킴으로써 그 영역을 공유할 수도 있습니다.

그러므로 수필과 같은 시도 있고 시와 같은 수필도 있으며 소설과 같은 수필도 존재하게 되는 것입니다.

이 책 '먹이사슬' 에는 위에서 분류한 에세이나 미셀러니, 경수필과 중수필을 모두 아우르는 글 14편이 단독 또는 연작수필 형태로 실려 있습니다. 그리고 후반부에는 세 편의 소설도 수록되어 있습니다.

모쪼록 '먹이사슬' 이 독자 여러분께 수필이나 소설고유의 묘미와 함께 담겨진 의미 또한 잘 전달되는 즐거운 읽을거리가 되어드렸으면 하는 바램입니다.

그 동안 진로의 변곡점에 설 때마다, 그리고 매번 책을 낼 때마다

열과 성을 다해 성원해주시는 고려대학교 보건의료법 정책연구센터소장 강윤구 특임교수님께 다시금 진심어린 감사의 말씀을 올립니다.

끝으로 이 책이 나오도록 곁에서 살펴주시며 격려와 조언을 아끼지 않으셨던 文友이자 시인이신 건강보험심사평가원 조석현 상근심사위원님과 조금이라도 더 아름다운 책으로 태어나도록 물심양면으로 협조해주신 이규덕 선임기획위원님께 심심한 감사의 뜻을 전합니다.

2016년 1월 5일

김 영진 올림

목 차

한강의 추억

몇 년 전 돌아가신 큰 고모부께서 사시던 집은 용산역 못미쳐 한강변의 철길 근처였다.

그래서 우리는 남궁 씨 성을 가진 그 고모부님을 용산 고모부라고 불렀다. 자그마한 일본식 집이었던 큰 고모부 댁은 철길과 붙어있어 기차가 지나가면 온 집이 통째로 마구 흔들리곤 했다. 어쩌다 시골에서 한 번씩 놀러가던 나는 우르릉거리는 땅울림과 잔뜩 목쉰 기차소리에 잠을 설치기 일쑤였다.

지금부터 오십 년 전 쯤 어느 겨울날 오전나절 이었다. 예외 없이 기차는 지나가고 기적소리까지 울리는 통에 늦잠에서 깨었는데 마침 고모부께서 막 집에 들어오시는 길이셨다.

고모님께서 대문을 열어주시는 소리가 들리고 고모부께서는 무엇인가 무거운 것을 끙끙거리며 질질 끌고 들어오시더니 마루 위에 털썩 올려놓으시는 것이었다.

호기심에 방문을 열고 보니 그것은 커다란 쌀자루였다. 그런데 자루 한쪽이 씰룩씰룩 움직이고 있는 것이 아닌가! 깜짝 놀란 나는 방에서 뛰쳐나와 고모부께 자루 속에 무엇이 들어있느냐고 물었지만 고모부께서는 그냥 빙긋이 웃으시다가 자루를 묶었던 끈을 풀고 내용물을 살짝 보여주셨다. 순간 나는 얼마나 놀랐는지 모른다. 그 자루 속에는 거의 내 다리만한 잉어들이 빼곡히 들어차 어떤 녀석은 꼬리를 흔들어대고 어떤 녀석은 커다란 주둥이를 뻐끔거리며 나를 쳐다보고 있었던 것이다.
점심식탁은 잉어매운탕으로 풍성했지만 꽤나 호기심이 많던 나는 코를 골며 주무시는 고모부님의 턱 밑에 찰싹 붙어 앉아 또 잉어를 잡으러 가자고 졸라댔다.
처음에는 너무 나이가 어리다, 멀어서 못 간다, 추워서 안 된다 등 온갖 핑계만 둘러대던 고모부님을 조르고 졸라 드디어 굴복시킨 것은 정오를 한참 넘긴 오후 두시쯤이나 되어서였다.
외사촌 형 외투를 빌려 입고 토끼털 귀마개에 검정 빵모자까지 덮어쓴 후 두꺼운 양말을 서너 켤레나 겹쳐 신고 나니 걸음마저 뒤뚱거리지 않을 수 없었다.
얼마간을 걸어 한강철교 밑에 도착하자 옅게 눈이 덮여 얼어붙은 한강 위에 점점이 모여 앉은 낚시꾼들이 멀리서 보였다. 얼음위로 무성하게 삐져나온 갈대 사이를 지나 노들 섬을 돌아서 건너편 노량진 쪽까지 고모부를 뒤따라가는 도중에 아마도 열 번은 미끄러져 엎어지지 않았었나 싶다.
엉거주춤한 걸음으로 어찌어찌 하여 반대쪽 한강철교 아래에 이르자 고모부께서는 메고 가신 기다란 끌로 얼음판에 구멍부터 뚫으셨다. 하지만 그것은 무척이나 고된 작업이었다. 구멍은 잉어를 뽑아낼 만큼 커야 했고 얼음은 터무니없이 두꺼웠다.
빙판을 내리찍으며 파낸 얼음들은 수정처럼 맑았고 눈이 살짝 덮인 얼음바닥에 이리저리 튕겨져 미끄러지며 멀리로 흩어졌다. 투명한 얼음 조각들은 비스듬히 내리쬐던 중천의 햇빛을 받아 저마다 형형

색색으로 영롱하게 빛났다.
첫 얼음구멍이 뚫리자 고모부께서는 미끼도 끼우지 않은 커다란 삼발이 훌치기낚시를 구멍 속으로 천천히 드리우셨다. 그리곤 수수깡으로 만든 작은 찌를 물 위에 띄우고 견짓대를 손에 쥐어주시며 찌가 흔들리면 힘껏 채어 올리라고 일러주시는 것이었다.
그러나 고모부께서 나머지 두 개의 얼음구멍을 다 뚫으실 때까지 내 손에 고기가 낚이는 행운은 결코 오지 않았다.
고모부께서 다른 얼음구멍을 뚫고 계시는 동안 견짓대를 손에 쥔 채 허리를 숙이고 얼음구멍 속을 무심코 굽어보던 내 눈동자에 각인된 것은 찌의 움직임이 아니라 놀랄 만큼 맑았던 얼음 밑의 물빛이었다.
가을하늘의 검푸른 빛과 봄철에 온 들녘을 물들이는 연두 빛을 섞어놓은 것 같은 색깔이었다. 그리고 그 청아한 물빛은 알 수 없는 엄청난 흡인력으로 내 시선을 빨아들였다.
강의 깊이가 얼마나 깊었는지 가늠할 수도 없었지만 순수한 그 쪽빛이 내 뇌리에 들어와 박힌 이후로 같은 물빛을 다시 보는 행운을 얻은 것은 실로 여러 십년의 세월이 지난 어느 날 남태평양의 휴양지 사이판에서였다.
무심코 강 밑을 노닐던 불쌍한 잉어는 순전히 낚싯줄을 건드린 죄만으로 고모부의 잽싼 챔 질에 배때기가 꿰어져 몸부림치며 얼음구멍 밖으로 끌려나오곤 했다.
일단 훌치기에 걸린 잉어는 낚싯줄을 감아올리는 동안 얼음 밑에서

원을 그리며 맴돌면서 흡사 가라앉는 알루미늄 세숫대야처럼 은빛으로 빛났다. 행여나 놓칠세라 가슴 조이며 발아래 투명한 얼음판 밑에서 번쩍이는 잉어와 벌이던 실랑이를 손에 땀을 쥐고 굽어보던 그 추억은 영원히 잊을 수가 없다.

물보라를 일으키며 얼음구멍에서 뽑혀져 나온 다음 빙판위에 내팽개쳐진 커다란 잉어들은 까만 눈알을 이리저리 굴리며 갑작스레 일어난 돌발적 상황을 파악하려는 듯 보였다.

그리곤 용을 쓰며 이리저리 퍼덕거려보기도 했지만 고모부가 눈을 부릅뜨고 지키시는 얼음구멍을 무사히 통과하여 빙판 밑 고향으로 다시 돌아갈 가능성은 이미 물 건너가고 없었다.

두툼한 핑크빛 입술을 벌렁거리다 지쳐버린 가엾은 잉어들의 처량한 눈빛은 팔려가는 누렁 송아지를 물끄러미 바라보던 우리 시골집 어미 소의 슬픈 눈빛과 닮아 보였다.

그리고 겨울이오면 언제나 머릿속에 흑백사진처럼 박혀버린 꿈결 같은 당시의 정경이 기계화 된 오늘의 한강에 투영되며 내 마음을 오십여년 전의 세계로 되돌려놓곤 한다.

가래떡

나는 눈이 내리는 날을 좋아한다.
특히 어슴푸레한 밤하늘에 하얀 수를 놓으며 흩날리는 무성한 눈발은 미지의 세계에서 쏟아지는 은하수같이 나의 마음을 소년처럼 마냥 설레게 하곤 한다.
삭막하고 분주하기만 한 메마른 서울생활 중 보기 드물게 눈이 펑펑 쏟아지는 오늘밤, 나는 홀로 눈을 반기며 덕수궁 돌담길을 따라 걷는다. 비스듬한 돌담 안에 말없이 서서 빈 가지 가득히 흰 눈을 포옹한 아름드리 느티나무들은 한사코 요란하게 불 밝혀진 저 건너편 서울 거리의 야경을 거부하고 있는 듯하다.
쌓여가는 눈 위로 점점이 남겨지는 발자국들은 수십 년간 걸어온 기나긴 세월의 그림자에 낱낱이 박혀있던 추억 속으로 스르르 잠겨들게 한다.
40여 년 전, 내가 다녔던 고등학교 교정에는 유달리도 히말라야시다 나무가 많았다. 지금은 아파트 단지로 변해 버렸지만 강당에서 교문에 이르는 약 100여 미터의 길을 따라 양쪽으로 히말라야시다가 심어져 있었고, 눈만 내리면 그 가지 위엔 부러질 듯 흰 눈이 쌓이는 것이었다.
겨울날, 밤늦게 야간 수업을 마치고 높다란 크리스마스트리 같은 눈 쌓인 히말라야시다 사이를 지날 때는 언제나 신비한 동심의 세계에 젖어들곤 했다. 눈 더미아래 어둑한 나뭇가지 속에는 무엇인가 알 수 없는 신비로운 세계가 꼭 숨어있을 것만 같았다.

그리고 대학에 진학한 후에도 백설의 낭만이 내 곁을 떠난 적은 결코 없었다. 단과대학의 붉은 벽돌건물 뒤쪽 히말라야시다 숲과 널따란 교정에 쌓이던 흰 눈은 매년마다 기다려지던 나 혼자만의 축제였다.

치과의사 국가시험을 보던 해에는 유난히도 눈이 많이 내렸다. 객차 한 칸을 전세 내어 서울로 향하는 철길 연변에는 마치 새하얀 이불을 덮은 것처럼 온 천지가 두루뭉술하게 눈에 묻혀 있었다. 김이 잔뜩 서린 채 연신 땀을 흘려 대던 특급열차의 차창 밖으로 눈부신 은세계가 끝도 없이 흘러 지나갔다.

시험 전 이삼 일간 단체로 묵었던 유리창마다 비닐을 덧붙인 허름한 여인숙과, 긴장에 떨고 추위에 지친 채 허기를 달래던 여인숙 앞의 싸구려 해장국집과, 시험 장소로 향하던 길은 빠짐없이 두껍게 얼어붙은 눈으로 온통 빙판이 되어있었다.

그리고 난방마저 들어오지 않던 으스스한 시험장의 유리창 너머 나뭇가지 위에 쌓여있던 잔설도 이 밤 저 느티나무 가지에 핀 눈꽃과 다름이 없었다.

지금처럼 눈이 내리는 밤만 되면 나는 예외 없이 가래떡을 찾는다.

오늘밤에도 집에 도착하자마자 가래떡을 찾을 것이다. 한적한 겨울밤에 우연히 집밖에 나왔다가도 눈만 내리면 무조건 가래떡을 내놓으라는 나의성화에 실로 황당해 하는 사람은 내 아내다.

긴긴 겨울밤의 야참으로써 적당하기도 하지만 가래떡에는 한편의 설화처럼 아련한 나만의 사연이 깃들어 있다. 돌이켜보면 꿈속 같기만 한 어느 겨울날의 시련을 겪은 후로 반세기의 세월이 흘러갔다. 바로 그날이었다. 설날에 쓸 가래떡을 빼기위하여 한 말이나 되는 쌀을 머리에 이고 떡 방앗간에 가시는 어머니를 따라 나선 것이 오후 한시쯤이었을까… 무려 이십 여리를 걸어서 방앗간에 도착하니 이미 여러 사람들이 줄을 서있어 우리 차례를 기다리는데 밖에선 눈이 내리기 시작하는 것이었다.

날은 점점 어두워지고 눈은 그칠 기미를 보이지 않았다. 얼마간을 더 기다리다가 꽤 깊은 밤이 되어서야 겨우 가래떡을 받아들고 집으로 출발할 수 있었다.

어두움과 함께 온 천지를 뒤덮으며 하염없이 내리는 눈 때문에 무거운 떡을 머리에 인 어머니와 열 살밖에 되지 않았던 나는 곧 방향감각을 잃어버렸던 듯싶다.

끝없이 펼쳐있던 논밭 사이의 좁은 농로에 눈이 많이 쌓이자 어디가 길이고 논바닥인지 도무지 구분이 되지 않았다. 손전등도 없었지만 아마 있었더라도 상황은 마찬가지였을 것이다. 농수로에 빠져서 엎어지고 자빠지면서도 억척스레 떡 짐을 챙기는 어머니는 흰옷까지 입으셔서 그랬던지 꼭 눈 속에서 춤을 추는 도깨비 같아보였다. 처음에는 눈 속에 처박힌 떡 짐을 함께 끌어내면서 나는 속없이 무던히도 웃어대곤 했던 것 같다.

한 밤중이었다지만 새하얀 눈빛으로 아주 어둡지는 않았고 전에도 가끔 다니던 낯익은 길이라 만만하게 여겼던 것은 애당초부터 큰 잘못이었다.

앞이 몇 미터밖에 보이지 않을 정도로 퍼붓는 눈 때문에 어디가 길이고 어디가 논인지, 산과 들은커녕 동서남북조차 전혀 분간할 수가 없었다. 전전긍긍하는 사이에도 눈은 자꾸 더 많이 쌓여 어느새 무릎까지 푹푹 빠지는 것이었다.

엎치락뒤치락하며 눈 속을 헤매는 시간이 점점 길어짐에 따라 추위가 서서히 스며들면서 아스라한 공포와 피로가 함께 밀려왔다.

어머니께서는 도로 떡 방앗간으로 돌아가시기로 마음먹으셨던 것 같다. 그러나 그것은 불가능했다. 우리가 걸어온 발자국조차 금방 없어졌다. 빛이라곤 아무것도 보이지 않아 가까운 부락을 찾아 갈 수도 없었다.

퍼붓는 눈으로 시야가 완전히 차단된 상태여서 우리가 있는 곳이 어디인지 전혀 알지 못했다. 시간이 흐르며 밤은 더욱 깊어가고 추위와 피곤에 지친 나는 눈밭에 그냥 누워서 자고 싶었다.

눈 속에 쭈그리고 앉아 있으면 어머니가 데리러 오고 조금 가다가 다시 주저앉고 하는 일이 잦아졌다. 그러다가 어머니를 잃어버리는 것은 시간문제였을지도 몰랐다.

고개만 들면 얼굴을 간질거리던 눈꽃의 감촉은 언제부터인가 피부가 마비되어 더 이상 느낄 수 없었다. 흠뻑 젖은 발은 촉감까지 사라져버려 걷지 못하고 뭉그적거리며 자꾸 엎어지기만 했다.

그러다가 얼마나 시간이 지났는지는 모르지만 어머니께서 비몽사몽으로 앉아있던 나를 흔들어 깨우시며 집에 다 왔으니 그만 일어나라는 것이었다. 어머니를 따라 시커먼 구멍 속으로 기어들어가자 따뜻한 자리가 나왔다. 둘이서 꼭 끼어 앉을 만한 둥지가 있었다. 어머니께서는 차갑게 식은 가래떡 덩어리를 마구 파헤쳐 맨 가운데 있던, 아직 온기가 남아있는 한 뭉치의 가래떡을 꺼내주셨다. 꽁꽁 언 손으로 떡을 받아들고 한참을 정신없이 먹다 보니 어느덧 추위도 말끔히 가셨다.

정신을 차리고 주위를 둘러본 나는 깜짝 놀랐다. 어머니께서는 어느 논 가운데 있던 짚 눌 에서 짚단을 몇 개 뽑아내 동굴 같은 이글루를 만드셨던 것이다.

거기는 조금도 춥지 않았고 세상에서 제일 편안하면서도 가장 조용한 공간이었다. 눈이 그치고 먼동이 터올 때까지 온 몸을 감싸 돌던 그 포근함과 아늑함은 그날 밤의 끔찍한 악몽을 영원히 잊지 못할 설국의 추억으로 승화시켰다.

그리고 오늘처럼 눈 내리는 밤이 오면 어김없이 나에게 가래떡에 대한 끊임없는 향수를 반추시키곤 하는 것이다.

대둔산의 가을

호남의 명산 대둔산은 원래 가을이면 그 정취가 더욱 빼어나다.

예전에 두어 번 다녀온 적이 있어서 대둔산의 기기묘묘한 자태와 갈피갈피 품속 깊은 단풍의 현란함을 익히 알고 있었기에 서울중구치과의사회의 추계야유회 장소로 지정된 후 나는 가족들의 기대를 한껏 부풀려 놓은 터였다.

그러나 기다리던 10월 10일, 눈을 뜨니 추적추적 가을비가 내리고 있는 것이 아닌가! 등산로의 돌길과 철제 사다리가 비에 젖으면 꽤나 미끄러울 것이기 때문에 걱정거리가 아닐 수가 없었다.

택시를 타고 새벽길을 달려 출발지 앞에 도착하니 우산을 받쳐 든 채 회원들을 맞이하고 있던 임원들의 명랑한 얼굴이 그런저런 우려를 말끔히 씻어 주었다.

두 대의 버스에 분승한 후 빗속을 가로지르며 출발한 시간이 예정을 한 시간쯤 넘긴 오전 9시께. 차창 밖으로 유유히 흐르는 초가을의 정경이 풍요롭다. 들녘은 황금빛으로 물들기 시작했고 발그레해진 야산의 단풍들도 곳곳에서 수줍은 듯 살짝 모습을 드러내곤 한다.

또 한해가 예외 없이 지나가지만, 눈코 뜰 새 없이 분망하기만 했던 지난 수 삼년동안 서울에서 보낸 가을들은 마냥 스쳐가는 듯 했다. 높다란 빌딩의 유리창에 반사되며 뿜어져 나오는 여름날의 눈부심과, 시련에 다름 아닌 콘크리트 벽 속의 푹푹한 열기는 어느 날엔가 불현듯 다가온 쌀쌀한 바람에 속절없이 밀려나고, 가로수 은행잎이 우수수 날리는가 하면 또 하나의 가을은 나에게서 그렇게 홀연히 사라져 버리곤 하는 것이었다.

다행히 올해엔 호남의 금강산이라 일컬어지는 대둔산 산행을 반가운 회원들과 함께 하게 되었으니 얼마나 기쁜 일인가!

새벽 비를 무릅쓰고 기꺼이 따라나선 아내와 딸의 표정도 약간은 들떠 보인다. 아내는 몇 년 전부터 제대로 물든 단풍 구경을 시켜달라고 졸라 왔건만 한해, 두해 미루기만 하다가 이제야 그 진수를 보여줄 기회를 얻었나 보다.

서울을 출발한 지 1시간이 지나면서부터는 다행히 창밖에 빗줄기도 점점 가늘어져 갔다.

대둔산은 전라북도와 충청남도 경계에 걸쳐 있는 해발 878m의 명산으로 이미 이십 여 년 전 도립공원으로 지정되었다. 큰 두메의 산을 뜻하는 대둔산은 오랜 침식 끝에 빚어진 화강암 기암괴석의 무수한 봉우리로 이루어져 마치 금강산 만물상을 방불케 한다.

대둔산의 주능선을 경계로 전주 쪽 방향인 남쪽은 주로 바위로 형성된 얼굴이고 금산군 쪽인 북쪽은 완만하고 부드러운 경사를 이루며 수목이 우거진 것이 다소곳한 시골 아낙네의 얼굴을 닮았다.

이 산의 남쪽으로는 금강의 지류인 지선천이 흐르면서 멋진 협곡을 만들어 놓아 그 절경이 신비로울 만큼 뛰어나다.

멀리서 바라보면 늘어선 암벽들이 한 폭의 병풍을 연상케 한다. 그리 높지는 않은 산이지만 정상인 마천대를 기점으로 충남 논산시와 금산군, 그리고 전북 완주군에 산자락이 펼쳐져 있다. 큰 봉우리들은 임금바위, 장군봉, 동심바위, 신선바위 등으로 온통 큰 바위들로 이루어져 있으며 그 중에서도 임금바위와 입석대를 잇는 높이 70m, 길이 50m, 폭 50cm의 금강구름다리를 비롯한 아름다운 삼선구름다리 등은 대둔산의 상징이기도 하다.

금강구름다리를 지나 조금만 더 올라가면 오른쪽에 바위틈에서 솟아나는 삼선약수가 있다. 이 약수는 고려 말 어느 재상의 딸 셋이 이곳에 들어와 기울어가는 국운을 한탄하며 흘린 눈물이 약수가 되었다는 전설을 간직하고 있다.

정상에 오르면 서쪽의 평원을 향하여 해가 지는 풍경이 일품이라는 낙조대가 보이며 낙조대 남쪽 산자락에는 원효대사가 신라 신문왕 때 전국 12승지의 하나가 된 절터를 발견하고 덩실덩실 춤을 추었다는 태고사가 자리 잡고 있다. 만해 한용운 선생이 태고사를 보지 않고는 천하의 승지를 논하지 말라고 했을 정도로 규모는 작아도 그 주변의 절경이 빼어난 사찰이다.

또한 대둔산은 임진왜란 때 적군을 크게 무찌른 전적지이기도 하다. 권율장군이 밤에 왜군을 기습하여 2만 명이나 되는 고바야가와의 진영을 격파해 큰 승리를 거두었는데 이 승전을 기리는 '원수 권공 이치대첩비' 와 '대첩사' 를 이곳에 세웠다고 한다.

그러나 일제 때 다 철거되어 버리고 지금은 그 사실을 알리는 안내판과 새로 세운 대첩비가 배티재 진산 쪽 들머리 언덕에 세워져 있다.

낙조대를 지나 수락리 방향으로 내려서면 절묘한 위치에 자리 잡은 석천암 암자와 장군절터를 지나게 된다. 이어서 군지 골과 만나게 되는데 군지 골에는 선녀폭포, 화랑폭포, 금강폭포, 은폭포가 저마다 다른 모습을 자랑하며 맑고도 시원한 물줄기를 뿜어낸다.
그 아름다움의 이면으로는 동학군 최후의 항전지로, 노령산맥을 넘나든 남부군의 이동경로로, 6.25의 격전지로서의 가슴 아픈 내력을 간직하고 있는 곳이기도 하다.
오전 11시가 조금 지나서 드디어 대둔산 자락에 도착했다. 간간이 뿌리는 가을비를 무릅쓰고 10여명의 건각들께서는 충남 금산군 쪽에서 능선을 타고 대둔산종주 고행(?)코스에 돌입하고 나 같은 약골들을 포함한 남은 가족들은 케이블카로 산중턱까지 거쳐 오른 후 말 뿐인 정상정복에 도전하기로 했다.
조금씩 굵어지는 빗줄기 속에서도 미끄러운 산길을 서로 격려하고 부축하며 사다리에 오르고 구름다리를 건너는 회원과 가족들의 모습이 정겹다.
정상에 다가설수록 물안개같이 피어오르는 자욱한 운무 사이로 무수한 영봉들이 초야의 단풍을 월계관처럼 두르고 저마다의 자태를 뽐내며 우리를 반긴다. 산 중턱에서부터 점점 짙어지기 시작한 단풍은 나무아래에 선 가족들의 얼굴까지도 발그레한 홍조로 물들게 한다.
겨울한철 폭풍설한에 숨죽였던 초목은 생동하는 봄이 되자 온 산하를 연두 빛으로 물들인 채 새롭게 피어나고 진달래와 철쭉의 화사한 향연으로 시작된 생명의 축제는 타는듯한 태양이 넘치는 정열로 생명력을 불태우던 지난여름에 이르러 그 절정을 이루었었지…

이제 그 뜨겁던 계절도 시간의 흐름 앞에 겸손히 고개를 숙이고 쇠잔해가는 여력을 모아 오곡백과를 결실시켜 저토록 찬란한 황금빛으로 온 들녘을 물결치게 했다.
그리고 지금 울긋불긋하게 산야를 뒤덮은 현란한 단풍마저 한 잎 한 잎 떨어져 덧없는 공간의 편린으로 묻히고 나름의 향기를 발하던 가을꽃들도 기약 없이 시들며 다가올 이별과 고독과 침묵을 말없이 예고한다.
그러나 어쩌랴! 엄동과 삭풍의 시련은 인간이 범접할 수 없는 윤회의 섭리이며 새로운 부활과 환희의 씨앗인 것을…
이런 저런 상념을 되 뇌이며 산을 내려오니 기슭에 자리 잡은 고풍스런 철판구이집의 군침 도는 성찬이 일행들을 기다린다.
용감하게 가을비를 헤치고 다섯 시간 동안이나 험산을 종주한 등반팀은 그제서야 흠뻑 젖은 모습으로 식당에 도착했다. 찬사와 부러움이 뒤섞인 박수를 받으며 귀환하는 일행들의 건장한 어깨에선 모락모락 김이 솟는다.
지글지글 혼 빼던 철판볶음에 대둔산 토속주인 빽빽주와 향기로운 구기자 술의 혀끝에 달라붙는 감칠맛과, 원로 회원들의 걸쭉한 입담은 연신 좌중을 즐겁게 했다.
그리고 빗속 산행의 피로를 말끔히 씻어주던 온천장의 따스한 욕탕과, 귀경길에 오른 버스의 유리창을 하염없이 두드리던 무심한 폭우와, 회원들의 도란도란한 대화 속에 아스라이 빠져들던 그 나른한 졸음… 이 모든 것들이 오래오래 간직하고픈 시월 하루의 단풍빛 추억이 되어 주었다.

스위트 홈

내가 어릴 때 살던 고향집 안방에 들어가면 맨 먼저 눈에 띄는 글귀가 'SWEET HOME' 이었다.

그러나 남달리 고달프고 마음고생이 심했던 어린 시절을 보낸 그 시골집이 진정한 스위트홈은 아니었던 것 같다.

내가 아주 어렸을 적, 국민학교에도 들어가기 전부터 안방 벽에는 연분홍 천위에 사모관대와 족두리를 쓴 신랑각시 모양의 자수가 놓아져있는 화대포가 걸려 있었다.

화대포란 장롱사정이 여의치 않아 벽에 걸어둔 옷가지들에 먼지가 내려앉지 못하도록 위에 덮어씌워두는 천을 말한다. 그 화대포는 아마도 어머니가 시집 올 때 가지고 온 것이었을 것이다.

그리고 신랑각시 밑에는 십자스티치로 'SWEET HOME' 이라는 글씨가 수 놓여있었다.

그 그림은 이해가 되었지만 영어로 된 글씨는 읽어낼 영어실력도 없었거니와 십자스티치로 뜬것이라서 글씨체도 명료하지 않았다. 실로 그 글씨를 읽을 수 있게 된 것은 십년 가까운 세월이 지난다음 중학교에 들어가서 영어를 배운 후부터였다.

그러나 영어를 배우기 한참 전부터도 그 글귀를 옮겨 쓸 수는 있었다. 너무나 오랫동안 머릿속에서 맴돌았기 때문에 뜻은 몰랐어도 막연히 좋은 의미인 것 같아 언제나 아무 곳에나 베껴 쓰곤 했다.

그 당시에 라디오에서 유행했던 영어노래 '언제나 슬픈 영화는 나를 울려요' 의 가사 몇 구절을 무조건 외워서 내용도 모르고 웅얼거렸듯이 함부로 써대던 낙서내용이 'SWEET HOME' 이었던 것이다. 지금까지도 간직하고 있는 국민학교 시절의 공책 뒷면에 서툴러빠진 'SWEET HOME' 이라는 영문 글씨가 연필로 쓰여 있는 것을 발견하고는 혼자서 볼을 붉히며 몰래 미소를 머금곤 한다.

아버님은 사업상 도시에 나가 사셨고 남아있던 가족들은 늘 고달픈 농사일에 매달려야만 했다. 허름하고 우중충했던 시골집은 이처럼 연속된 고난의 추억만 남겼다.

그 후로 이십년 가까운 세월이 흘러 대학 졸업반이 된 어느 여름날 나는 환자배정을 받기위해 치과병원의 원내생실에서 대기하고 있었다. 그러다 내 순번이 호명되고 기다리던 신환이 배정되었다.

귀여운 유치원생 꼬마 환자였다. 그 꼬마를 데리고 온 보호자는 날씬하고 아리따운 아가씨였다. 눈에 무슨 콩까지가 씌었었는지 나는 그냥 한눈에 반하고 말았다.

꼬마 환자는 그 후로 몇 달 동안이나 소아치과 치료를 받았는데 실망스럽게도 매번 어머니를 따라왔다. 직장생활 중인 누나는 마침 휴가기간이어서 처음 내원했을 때만 데리고 왔었다는 것이다. 서글픈 일이지만 그 뒤로 계속되었던 꼬마의 치과치료가 다 끝나도록 아가씨는 두 번 다시 모습을 보이지 않았고 결국 상황은 종료되었다.

하지만 어쩐지 그녀의 모습은 내 뇌리에서 영 떠나지 않았다. 그리고 일 년이 흐른 이듬해 나는 인턴이 되어 원내근무를 하고 있었다. 그 해 초여름 날 예기치 않은 한 통의 전화가 걸려왔다. 그 꼬마환자의 어머니한테서였다. 마침 다른 볼일이 있어 병원엘 오셨는데 우연히 내 모습을 발견하고 지난일이 생각나 안부전화를 거셨다는 것이다.
그 뒤 나는 꼬마환자 어머니와 찻집에서 만나 이런저런 이야기를 나누다가 아주 조심스럽게 아가씨의 안부를 물었다. 무슨 마음에서였는지 어머니는 집이 이 근처이니 한번 같이 가보지 않겠냐는 제의를 했고 마음이 들뜬 나는 흔쾌히 뒤를 따라갔다. 마침 집에 있던 아가씨는 얌전한 미소를 띠고 갑작스런 방문객을 반겼다.
그리고 그 이후로 모든 상황이 바쁘게 돌아갔다. 잔뜩 쌓여있던 숙소의 빨래는 세탁 후 다림질까지 되어서 제자리에 정돈되었고 가끔 아가씨가 손수 장만해 보내주는 맛있는 음식이 나와 동료들을 즐겁게 했다.
넉 달 후 우리는 결혼을 했고 그 아가씨가 바로 지금의 내 아내다.
결혼 후에도 온갖 어려움과 우여곡절이 있었지만 우리는 서로 떨어져서 살아본 적이 거의 없다. 하수도도 없던 사과밭 과수원집 반 지하방까지 전국 방방곡곡에 걸쳐 수십 번이나 이사를 거듭하면서도 눈 쌓이듯 소리 없이 믿음은 점점 두터워 졌다.
현재 아내와 두 아이들과 함께 사는 우리 집 어디를 둘러보아도 스위트 홈이란 문구는 없다. 심지어 서재에서조차 'SWEET CAKE 만드는 법' 이란 책은 있어도 스위트 홈이란 책은 찾을 수가 없다. 그러나 생각할수록 여기가 정녕 스위트 홈이다. 왜 그럴까?
아내와 나는 친지들의 결혼식이나 장례식에도 꼭 같이 다닌다. 나는 각종 세미나나 워크숍, 낚시 등으로 며칠씩 홀로 나다닐 때가 많지만 아내는 집을 비운 적이 거의 없다. 그래서 언제나 나는 아내가 집에 있는 것으로 착각한다. 설령 밖에 나가더라도 핸드폰 통화만 하면 언제나 곁에 있는 걸로 느껴진다.

그러나 얼마 전 초유의 사태가 발생했다. 아내가 처음으로 대학동창들과 외유를 떠났는데 코타키나발룬가 뭔가 하는 오지여서 핸드폰 통화가 전혀 안 되는 곳이었다.

참 이상했다. 며칠만 있으면 돌아올 텐데 서서히 금단증상이 나타나는 것이었다. 그간 겪어보지 못했던 불안감과 적막감, 공허함을 달랠 길이 없었다. 낮에는 일이 통 손에 잡히지 않고 밤에는 깊은 잠을 이룰 수 없었다.

그 동안 무언가에 단단히 중독되어 살았던 것이 틀림없었다. 그리고 그 금단증상은 아내가 공항 입국장에 모습을 나타내는 순간 재빨리 짜증으로 바뀌었다.

나에겐 또 다른 금단증상이 하나 더 있다. 산이나 논밭, 수풀과 같은 녹색을 한동안 보지 못하면 발현한다. 스스로 이름 하여 녹색중독 증후군이다. Sign & Symptom은 머리가 지끈지끈 아파오고 등줄기에는 식은땀이 흐르며 혈압이 오르고 마음이 초조해지는 것이다. 물론 짜증도 함께 난다.

줄곧 아파트만 선호하던 아내와 극성스런 촌티에 젖어 녹색식물을 갈구하는 나 사이의 해묵은 분쟁이 마무리된 것은 주상복합 꼭대기에 이십 평 정도의 공터가 붙어있는 지금 사는 집으로 이사 온 후부터다.

근사한 화단을 꾸미고 꽃과 채소를 심고 커다란 고무 물통엔 몇 마리의 금붕어도 기른다. 비록 한 두 그루씩에 불과하지만 주목과 소나무, 향나무, 그리고 대나무도 있다. 귀퉁이엔 제법 폼 나는 목제 테이블과 조그만 바비큐통도 놓았다. 한쪽 코너를 유리로 막아 겨울철에 장작불을 지필 수 있는 무쇠난로도 갖췄다.

봄빛이 유달리도 화사한 오늘 나는 화단에다 마음속에 간직해온 '스위트홈' 을 심는다.

살랑거리는 봄바람을 몰고 온 일출의 눈부심이 어느새 싹터 오른 '스위트홈' 을 매만지고 있다. 연못가에 다소곳한 꼬마 수선화의 노란 꽃잎이 '스위트홈' 과 수줍은 밀어를 속삭이는 일요일 아침이다.

명동 풍수지리

옛날에 집을 짓거나 묘 자리를 정할 때는 물론이고, 심지어 도읍을 정하고 성을 쌓을 때도 그 위치선정에 가장 큰 영향을 미치는 것은 바로 풍수지리였다.

이처럼 중국이나 조선을 비롯한 동양에서는 전통적으로 집터나 묘 자리 등을 볼 때 풍수지리를 널리 신봉해 왔지만 서양에서도 궁전이나 성채, 성당 등을 지을 때면 전망 좋고 양지바르며 홍수와 태풍에 안전한 위치를 선정했던 것만은 사실이다.

동양적 풍수지리에서 명당자리 중 으뜸이라는 '배산 면수' 도 알고 보면 칼바람 안 들이치고 햇빛 잘 들며 홍수에 떠내려가지 않는다는 자리에 다름 아니다.

태조 이성계는 조선왕조를 창건한 이듬해인 1393년에 무학대사와 함께 계룡산 언저리인 신도안(新都安)을 시찰하고 도성 후보지로 선정한 다음 성곽축조 공사에까지 착수하였으나 개국공신인 하륜의 강력한 반대로 중단하게 된다.

하륜은 모악산(母岳山;무악재)을 배경으로 하는 모악 남, 즉 무악재 너머 연희 벌을 한강이 아늑하게 감싸 안고 흐르는 모습이 마음에 들어 한양천도를 주장했다. 그러나 그가 생각했던 곳은 연희동 일대와 그 주변지역이어서 지금의 4대문 안과는 거리가 좀 있었다.

실은 새로운 왕조가 창건된 이후에도 대부분의 군신들은 개경에 머물기를 원했지만 태조는 안정된 새 왕조의 토대를 마련하기 위해 전혀 다른 위치에 도읍지를 물색했다.

군신들의 입장에서 보면 온갖 식솔들과 가산, 특히 집과 농토를 두고 새로운 도읍으로 옮겨 간다는 것은 생각하기도 싫은 골치 아픈 일이었을 것이다. 그렇다고 개성에 그냥 눌러앉아 있으면 관직뿐만 아니라 온 가문의 장래가 위태로울 것만은 자명했다.

어쨌든 신도안 천도가 하륜의 반대로 어려워지자 태조는 개국 일등 공신인 정도전과 무학대사, 하륜 등의 의견을 들어 한양을 도읍지로 정하되 주례고공기(周禮考工期)로 대표되는 중국 고대도시의 특성과 풍수지리에 입각한 자연사상에 의해 도성을 축성한다는 원칙을 세우게 된다.

이와 함께 예로부터 전해오는 우리나라의 성곽 조성양식, 즉 산성의 구조와 전통적 외양도 함께 되살리고자 했다.

정도전은, 백악산(白岳山,혹은 북악산;北岳山;)을 주산(主山)으로 하고 우측에 인왕산(仁旺山), 좌측에 낙산(駱山)과 북한산(北漢山) 남쪽으로는 목멱산(木覓山; 현재의 남산)과 관악산(冠岳山)을 바라보는 좌청룡 우백호(左靑龍 右白虎)의 자리에 도성을 세우되 궁궐은 북북서에 앉아 남남동을 향하게 하려고 했다.

또한 좌묘우사(左廟右社)의 전통에 따라 경복궁의 좌측에는 종묘(宗廟)를, 우측에는 사직단(社稷壇)을 위치시키고자 했다.

반면 무학대사는 인왕산을 주산으로 하고 좌측에 백악산과 낙산, 남쪽으로 목멱산과 관악산을 바라보는 위치에 도성을 짓되 정서에 앉아 정동을 바라보는 유좌란향(酉坐卯向)으로 궁궐을 배치하고자 했다.

그러나 태조는 유학사상에 기초한 풍수지리설을 앞세운 정도전의 의견을 중시하게 된다. 정도전은 태조의 왕비인 신의왕후 한씨의 왕자들을 제쳐두고 강비 소생의 여덟째 왕자 방석을 태자로 삼을 정도로 당시의 실세였다. 하지만 權不十年이라, 섬기던 주군의 왕자에 의해 스스로 몰락을 자초하게 될 줄을 어느 누가 알았으랴…

지금의 종로구청 자리가 정도전의 사저인 '수진궁'의 옛터이다. 신하의 사저가 '궁'으로 불리는 것은 역사상 결코 흔한 일이 아니다.

무학대사는 백악산과 관악산이 불의 산일뿐만 아니라 남산인 목멱산도 불쏘시개 산이어서 정도전의 안대로 이 선이 일치하는 곳에 궁궐을 지으면 5대가 가기 전에 왕위찬탈이 일어나고 200년 내에 나라에 큰 변괴가 생길 것이라고 예언했다.

이는 불행히도 세조의 왕위찬탈과 임진왜란, 그리고 경복궁 대화재로 적중하게 된다.

실은 당시 정도전과 무학대사 사이에는 유교와 불교 간의 팽팽한 긴장감이 흐르고 있었다. 세도가인 정도전은 유교의 영향을 받는 자연학자이자 지리학자로써 풍수지리설로 왕을 설득했다. 반면 태조의 정신적인 스승이었던 무학대사는 새로운 왕조에서 유교에 점차 잠식되어가는 불교의 중흥을 꾀하기 위해 선바위가 있는 인왕산을 주산으로 삼고자 했던 것이다.

이후 태조는 1395년 4월부터 한양에 궁궐을 짓기 시작하고 그해 윤9월 13일 도성축조 도감을 설치, 정도전에게 명하여 도성을 축조하게 한다.

갖은 우여곡절을 거쳐 완성된 도성은 그 둘레가 총 59500척(18Km)

이었으며 북대문인 숙정문, 남대문인 숭례문, 동대문인 흥인지문, 서대문인 돈의문과 동, 서, 남, 북의 4소문으로 성 밖과 소통되었다. 그러나 정도전의 안을 중시하며 도성과 궁궐을 축조하면서도 무학대사의 의견을 아주 무시했던 것만은 아니다. 광화문 정문 앞에는 불을 먹는다는 해태석상 2개를 관악산 연주대를 향하여 설치하였고 목에는 화기를 미리 알리는 방울을 달아두었다.

그리고 광화문 네거리의 누루재(황포현)부터 남대문으로 향하는 길을 직선으로 내지 않고 불길이 돌아오도록 보신각 쪽으로 크게 우회시켰다. 지금의 태평로는 이후에 황토현으로 부터 남대문까지 새로 길을 뚫은 것이다.

동시에 관악산의 화기를 막을 물길을 내기 위해 청계천을 준설하여 물이 더욱 많이 흐르도록 하고 준설한 흙 역시 화마가 밀려들지 못하도록 황토현에 높이 쌓았다.

숭례문 현판도 보통의 경우처럼 가로로 걸면 화마가 함부로 통과할 수 있으므로 세로로 걸어 이를 막고자 했다. 원래 물은 땅에 깔려서 오지만 불은 위로 솟구치며 달려오므로 그 기세를 꺾기위해 현판을 세워서 걸었던 것이다.

또한 숭례문 앞 서울역 자리에 큰 연못을 파서 관악산의 불길을 막을 물을 가두었는데 그 연못 이름이 남지(南池)였다고 한다.

만일의 경우 궁궐까지 화마가 밀려들게 되는 경우에도 대비해 경복궁 경회루 밑에 큰 연못을 파고 물을 많이 가두어 두었으며 모든 궁궐의 처마마다 드무를 설치해 화기를 다스릴 빗물을 받아두게 했다.

하지만 화마는 관악산 쪽에서 몰려 온 게 아니었다. 바로 처마 밑의 가녀린 한줄기 라이터불로 시작하여 600년을 버텨온 국보 1호 숭례문이 순식간에 잿더미로 변해 버렸으니 부끄럽고도 통탄스러운 비극이 아닐 수 없다.

한편 동서남북을 막론하고 지방에서 임금님이 사시는 도성으로 갈 때는 올라간다고 하고 도성에서 지방으로 갈 때는 내려간다고 했다. 이렇게 조선팔도 백성들이 도성 안에 사는 사람들을 공경하고 부러워했다.

설령 성 밖이라 해도 성문에서 십리 안에만 살면 성저십리라 하여 촌놈 취급을 면하고 그럭저럭 도성 안에 사는 것과 어슷한 대접을 받았다고 한다. 동대문을 기준으로 본다면 아마 왕십리쯤이 그 경계가 아니었나 싶다.

하지만 현대에도 여전히 각종 풍수지리설이 횡행한다는 신문기사를 보았다.

컴퓨터 시대인 요즘 들어서도 사옥이나 사무실의 위치에 연연해 할 뿐만 아니라 실내 집기류의 배치에 이르기까지 온갖 액운을 피하기 위해 풍수지리설을 꽤나 신봉한다는 소식이다.

재벌가문에서 어느 곳에 묘 자리라도 잡는다 치면 해당 고을이 온통 잔칫집 분위기가 된다는 얘기는 숱하게 들어왔지만 심지어 주인이 바뀔 때마다 서울 한복판 명동 모 은행 지점장실의 집기류들을 동서남북으로 옮겨가며 소란을 떤다는 기사였다.

그러고 보니 큰돈을 만지려면 무던히도 마음에 걸리는 일들을 많이 겪어내야 하나보다. 나하고는 전혀 상관없는 일이지만 말이다.

먹이사슬

1) 프롤로그

그 시절 우리 시골집 돼지우리는 사립문 옆 두엄자리 건너편에 있었다.

돼지우리는 좌, 우 두 칸으로 나뉘어져 보통 두 마리의 꿀돼지가 살고 있었고 그 오른편엔 해묵은 고욤나무가 외롭게 서 있었다. 고욤은 너무 떫어서 늦가을 된서리를 맞은 후 까무스름하게 익어 저절로 떨어지기 전까지는 도저히 먹을 수 없다. 그러나 떨어진 열매조차도 거의 80%가 씨였고 10%는 껍질이어서 적당히 빨아먹고 나머지는 뱉어내야만 했다.

하지만 입안에 남는 새까만 과즙은 조금만 머금어도 정수리가 찡해질 만큼 달고 끈끈했다.

돼지우리 왼쪽으로는 높다란 깨중나무와 작달막한 포도나무가 흙담장과 오롯하게 어울려 있었다. 돼지우리에서는 항상 질척한 분뇨가 흘러나와 포도나무 뿌리 밑에 고이기 때문에 해마다 포도열매가 유난히도 많이 열리곤 했다. 탱탱하게 여물어가던 초록색포도는 미처 보라색을 띠기도 전인 팔월 초쯤엔 거의 자취를 감추고 마는데 그 이유는 콧잔등이 시큰해지고 눈물을 찔끔거릴 정도의 신맛까지도 잘 감내하던 우리형제들의 왕성한 식욕 때문이었다. 그렇다고 그 포도가 청포도였던 것만은 맹세코 아니다.

2) 메뚜기 연인

가을이 되어 벼 베기를 하는 날이면 언제나 메뚜기 축제가 벌어진다.

볏단 위를 이리저리 날아다니던 갈색 날개의 연두 빛 메뚜기 떼를 생각만 하면 지금도 가슴이 뛴다. 하지만 신명이 나서 분주히 쫓아다녀 봤자 그리 만만하게 잡을 수는 없었다. 녀석들은 눈치가 빨라 여간 조심하지 않으면 아주멀리 날아가 버리기 때문이다. 그래서 벼를 베는 어른들의 주변에 메뚜기들이 떼를 지어 난분분해도 맨손으로는 온종일 네 홉짜리 소주병 하나를 채워 오기가 어려웠다.

짝짓기중인 녀석들은 약간 체구가 큰 암컷 메뚜기의 등에 귀여운 수컷이 업혀있다. 그래서 잘 뛰지도 못하고 날아가지도 못해 두 마리를 함께 잡을 수 있어 좋았지만 정신을 한껏 다른데 팔던 녀석들을 비겁하게 몰래 잡는 것 같아 왠지 마음이 찜찜했다.

하지만 내가 룸펜이 아닌 바에야 녀석들이 일을 끝낼 때까지 마냥 앉아서 기다릴 수도 없는 노릇이었다.

어쨌든 가을 햇빛에 얼굴이 벌겋게 달구어진 채 메뚜기 잡이에 지쳐 돌아오면 할머니께서는 가마솥에 왕소금을 뿌리고 들기름을 지른 다음 잡아온 메뚜기를 볶아 주신다.

노릇노릇 짭짤 고소하게 볶아진 오동통한 메뚜기 맛은 요즘 통조림으로 나와 있는 말라빠진 북한산에 비할 바가 아니었다.

3) 우렁이 소굴

벼 베기가 끝난 논바닥에는 또 다른 맛좋은 단백질 공급원들이 잔뜩 포진하고 있다.

걔들은 다름 아닌 자두만큼씩이나 굵은 토종 왕 우렁이들이다. 꾸들꾸들하게 마른 논바닥을 거닐며 자세히 살펴보면 손가락이 하나 들어갈 만한 작은 구멍들이 숭숭 뚫려있다. 그 구멍에 손가락을 깊숙이 찔러 넣으면 딱딱하고도 차가운 감촉이 손가락 끝에 와 닿는다.

놈들이 바로 겨울을 나기위해 논바닥 속에 몰래 숨어든 우렁이들인데 다리가 없어서 도망치지도 못하는 녀석들이므로 차분하게 앉아 꼬챙이로 파내어 광주리에 담기만 하면 되었다. 어떤 때는 하루에 한 광주리씩이나 캐내기도 했는데 녀석들을 푹 삶아서 뾰족한 못으로 탱글탱글한 알맹이를 빼내 고추장과 식초에 섞어 버무리면 우렁이 회 무침이 되고 된장찌개에 넣고 끓이면 우렁 된장이 되어 우리 가족들의 입맛을 돋우었다.

4) 가물치 부부

긴 겨울이 지나 온 들녘이 연초록으로 물들고 복숭아꽃 핑크빛에 가슴 설렐 때쯤 되면 새벽마다 동구 밖 저수지에서 피어오른 뿌연 물안개와 건너편 산봉우리가 끝없는 술래잡기를 한다.

마침내 일 년 동안 기다리던 가물치낚시 계절이 다가온 것이다.

봄 냄새에 함초롬한 논두렁에 서서 저수지상류 물풀 뗏장사이를 가만히 살펴보면 여기저기서 갑자기 물보라가 일며 철벅거리는 소리가 들려온다.

그게 바로 가물치낚시 개시 신호이다. 녀석들은 물고기답지 않게 부부애와 알 보호 본능이 강해 암컷이 알을 낳으면 물 밑에 숨어서 교대로 지킨다. 그리고 부화된 후에도 새끼들이 어느 정도 자랄 때까지는 흩어지지 않고 무리를 지어 다니며 어미들의 보호를 받는다. 만일 물뱀이나 개구리, 물새 등이 알이나 치어들에게 접근하면 즉시 무차별로 공격하는데 그 순간에 살기어린 물보라가 솟구치곤 하는 것이다.

불행의 씨앗은 바로 노란색 가물치 알들이 어른 손바닥만 한 콜로니를 형성한 채 물 위에 둥둥 떠다닌다는 데 있다. 무성한 물풀 사이에서 이 알들을 찾아내기만 하면 가물치 부부의 소유권은 절반이상 나한테 넘어온 것이나 진배없었다.

한 뼘이나 되는 대못을 불에 빨갛게 달군 후 J자로 휘어 만든 순 엉터리 낚시에 큼지막한 참개구리 등을 관통시켜 몽둥이에 매달아 가물치 알 근처 수면위에 고패질을 한다.
그러면 팔뚝만한 가물치가 불문곡직하고 한입에 덥석 물어버리는 것이다. 그 순간 커다란 가물치 녀석을 힘껏 물속에서 뽑아내어 논배미에 패대기치면 만사 끝이었다.
그리고 한 십 분만 쉬었다가 고패질을 다시 반복하면 가물치 부부 중 나머지 한 마리도 거의 틀림없이 잡을 수 있었다. 아마도 교대로 지키다 짝이 안 보이면 잠시 마실 간줄 알고 자기 몫 초병임무를 다 했으리라!
하지만 애틋한 순애보도, 눈물겨운 알 사랑도, 딱 거기 까지였다. 그날 저녁식사 때엔 어김없이 토막토막 잘린 채로 얼큰한 매운탕이 되어 밥상위에 올라오지 않을 수 없었다.

5) 닭들이 갈 길

아지랑이 피는 나른한 봄날이면 대나무로 엮은 닭 초롱 안에서 삼 주 동안이나 식음을 전폐하다시피 하며 알을 품었던 어미닭이 한 다스나 되는 노랑병아리들을 데리고 초롱 밖으로 나온다.

삐약-삐약 쫑쫑거리는 병아리들을 양 날개 가득히 끌어안은 어미닭은 먼발치에서라도 고양이를 발견하기만 하면 목 깃털을 사자처럼 치켜세우고 공작새같이 꼬리를 반원으로 펼친 채 두 날개로 홰를 치며 돌격한다.

식겁해진 고양이는 '냐아옹-! 내가 뭘 어쨌게?' 하며 황급히 꽁무니를 빼면서도 연신 뒤를 돌아보며 귀여운 병아리들에게 한없는 미련을 간직하지만 어미닭이 꼬나보는 한 어림없는 짝사랑이다.

하지만 병아리들이 중닭이 되어 떨어져나간 후면 암탉은 늘 고양이에게 쫓겨 도망 다니는 신세였다. '어미닭은 강했으나 암탉은 약했다!' 그것이 고양이를 조금도 무서워하지 않는 장닭의 핵우산 아래로 들어가지 않을 수 없는 또 하나의 이유였다.

마당에서는 할머니와 닭들과의 전쟁이 끊나질 않는다. 허리가 직각으로 꼬부라지신 우리 할머니는 멍석에 널어놓은 고추나 깨, 옥수수 알곡, 겉보리 등을 호시탐탐 노리는 닭들과 지팡이를 무기삼아 하루 종일 게릴라전을 치르신다.

닭들의 사령관격인 어르신 토종 장닭의 멋지고 늠름한 모습은 보는 이로 하여금 경탄을 금치 못하게 한다. 붉고 커다란 볏은 로마시대 병사의 빨간 투구 깃을 연상시키고 '꼬끼-오' 하는 우렁찬 메조소프라노 목청은 새벽이면 십리 밖에서도 들을 수 있다.

짜르르한 황금빛으로 코팅된 목털과 현란하게 빛나는 적갈색 깃의 우람한 몸체, 메탈릭 블랙으로 단장된 우아한 긴 꼬리는 가금류의 제왕에 다름 아니었다.

그리고 일부다처제로 여러 암탉들을 호령하던 권위와 위엄이 대단했다. 모든 암탉들은 등 위에 올라타서 날카로운 부리로 대가리를 쪼아대는 장닭의 군기교육을 하루에 한 두 번씩은 골고루 받아내야만 했다. 아마도 칠거지악 같은 것은 꿈도 못 꾸었으리라.

하지만 그토록 위풍당당했던 장닭 마저도 집에 귀한 손님이 오시거나 명절이라도 닥치게 되면 속절없이 가마솥 안으로 들어가야만 하는 운명이었다.

닭 잡는 날이면 나는 한 밤중에 호롱불을 들고 측간 옆 닭장에 슬그머니 들어가 작대기 위에 도열한 녀석들 중 대충 한 마리를 점지 해 날개와 발을 묶어서 끌고나온다.

옆에 서있던 녀석들은 제 일이 아니라서 그런지 그냥 기웃기웃 바라만 볼 뿐이다.

꼬꼬댁거리며 끌려나온 녀석의 모가지를 비트는 염라대왕 역은 늘 만형인 내 몫이었다.

맛좋은 암탉의 사이즈가 여의치 않아 할 수 없이 덩치 좋은 장닭을 잡아먹게 되는 날이면 장닭 그 자체보다는 끓는 물에 푹 담근 후 뽑아서 내버리는 아름다운 깃털들이 더 아까웠다.

6) 구정물과 순대국

우리 집 꿀꿀이들은 거의 언제나 검은 바탕에 흰 가슴 띠를 두른 뉴햄프셔 종이었다.

녀석들은 유별나게 먹성이 좋아 멀리서도 내 모습을 보기만 하면 돼지우리 안을 빙빙 돌아다니며 밥 달라고 꽥-꽥 악을 써 댔다. 그러면 나는 의례 바강댕이에 쌀겨를 가득 퍼서 한 바께스의 구정물과 함께 녀석들의 먹이통에 부어주곤 한다.

빈 바께스를 채우던 큰 구정물 통은 언제나 부엌 앞 작두 샘 근처 햇빛이 잘 드는 곳에 놓여 있었다. 크고 지저분한 통 안에다 쌀뜨물과 쉰 밥, 상한 나무새, 고구마 껍질, 무청, 술 찌기, 생선 내장이나 닭 뼈, 파뿌리, 콩나물 대가리 등을 모두 털어 넣었기 때문에 구정물의 확실한 주성분이 무엇인지는 아무도 몰랐다.

그 구정물 통에서 열 발짝이나 멀리 떨어져도 항상 시큼한 식초냄새가 풍겨왔지만 꿀꿀이 녀석들은 잘도 먹어댔다. 아무튼 우리 집의 뉴햄프셔들은 먹고 또 먹어도 양에 안차 계속 소리를 질러대다가 내가 안 보여야만 잠잠해지곤 했다.

녀석들은 비좁은 돼지우리 안에서 아무리 뱅뱅 돌고 또 돌아보아도 먹을 것이라고는 내가 주는 구정물과 쌀겨밖에 없었다. 닭 뼈조차 누렁이가 먼저 처리한 다음에야 꿀꿀이에게 차례가 돌아갔는데 아마도 무기질밖에는 남아나지 않았을 것이다.

하지만 추석이나 설이 되어 돼지를 잡아먹을 때에는 두꺼운 비계에 살집만 썩 일품이었다. 돼지 멱을 딸 때 받아둔 선지피에다가 야채와 양념한 찹쌀밥을 고루 섞어서 내장에 채우고 삶으면 맛있는 순대가 된다. 그러한 작업이 벌어지던 공동우물 옆 임시푸줏간 주위에서는 늘 장작 타는 '투두둑' 소리와 함께 펄펄 끓는 가마솥 속의 구수한 순대국 냄새만 났지 시큼한 구정물악취 따위는 어디에서도 맡을 수 없었다.

7) 누렁이의 슬픔

우리 집 수문장격인 누렁이는 참 영리하고 사람들을 잘도 따른다.

지난겨울에는 귀여운 강아지를 열 마리씩이나 생산해 할아버지의 쌈지를 그득하게 채워주기도 했다.

밤에는 발자국 소리만 들어도 용케 주인을 알아본다. 할아버지께서 장날 얼큰하게 취하셔서 밤늦게 갈짓자 걸음으로 돌아오시면 멀리서부터 꼬리만 열심히 흔들어 대지 절대로 짖는 법이 없다. 가족이 아닌 다른 사람이라면 어림도 없는 일이다.

오늘도 아침부터 왕왕거리며 이집 저집 쏘다니다가 지금은 굴뚝 밑 양지바른 토방위에서 팔자 좋게 잠들어 있다.

하지만 누렁이가 봉착한 가장 큰 위기는 할아버지와 아버지께서 보신탕을 유달리 즐기시는 계절이 다가온 줄을 꿈에도 깨닫지 못하고 있다는 사실이다.

입을 벌리고 긴 혀를 늘어뜨린 채 낮잠을 즐기는 누렁이의 가슴에서부터 시작하여 아랫배에 이르기까지 통통한 자주 빛 유방에 팥알 같은 젖꼭지들이들이 두 줄로 나란히 늘어선 모습은 틀림없이 복날 할아버지께서 제일 좋아하시던 모락모락 김나는 배반이 수육 감이었다.

마당에서 장난을 즐기는 두 마리의 누렁이 새끼들, 즉 바둑이와 메리도 내년쯤이면 아마 제 어미의 뒤를 따르기 십상일 것이다.

실은 늘 허기졌던 돼지보다는 누렁이나 닭의 팔자가 훨씬 더 좋았던 편이다. 누렁이의 군것질거리인 들쥐나 두더지가 논밭에 시글시글 했으며 오리나 닭이 즐겨 먹던 개구리와 송사리, 땅강아지, 방아깨비, 지렁이, 달팽이 등도 지천에 널렸으니 그들은 주식과 간식의 차이를 잘 모르고 살았음 직 하다.

8) 에필로그

그 동안 내 손으로 모가지를 비틀어 잡은 수많은 암탉과 장닭들에게 약간 미안하긴 하지만 죄의식 따위는 없다.
그것은 비슷한 운명의 길을 걸어갔던 누렁이나 돼지, 오리, 토끼들에게도 모두 마찬가지다.
왜냐하면 우리는 계속 고기를 먹어야 했고 함께 살던 다른 동물가족, 즉 소, 염소, 거위, 칠면조, 고양이, 비둘기까지 모두 합세한다 해도 우리 식구들이 언제나 먹이사슬의 맨 꼭대기를 고수해 왔으니까 말이다.
맹세컨대 우리 식구들은 그 대단한 권좌를 단 한 번도 지켜내지 못한 적이 없었고 설령 앞으로 총명한 돌핀이나 박력에 찬 버팔로, 코뿔소, 또는 집채만 한 하마나 코끼리 등이 합류한다 할지라도 또한 계속 그러할 것이 분명하다.

태즈매니아 호랑이

1) 지금부터 130여 년 전인 1880년경, 태즈매니아 섬의 수도 호버트 근교 집 부근을 산책 중이던 한 노인이 아직 털도 나지 않은 채 어미의 육아낭속에서 막 기어 나온 손가락만한 태즈매니아 호랑이새끼 한 마리를 발견했다.

그는 이 새끼를 주워 집으로 가져갔지만 너무나 작아 키울 방법이 없었다. 궁리 끝에 그냥 산 채로 위스키가 반쯤 남은 술병 속에 집어넣고 마개를 잠가버렸다.

태즈매니아 호랑이새끼는 캥거루처럼 육아낭속에서 어미의 젖을 먹고 자라기 때문에 당시에도 채집하기가 극히 어려웠다. 그래서 이 노인의 집안에서는 희귀한 기념물 정도로만 생각하고 그 위스키병을 대대로 간직해 왔다.

해서 이 술병속의 태즈매니아 호랑이새끼가 전혀 손상되지 않은 DNA를 간직한 지구상의 유일한 표본으로 남았다.

돌이켜보면 천금과도 같은 이 표본이 만들어 진 후 1세기 반에 가까운 세월이 흘러갔다. 이제 태즈매니아 호랑이를 복제할 수 있는 과학적 기술은 확보되었다. 그러나 어떤 동물이 유전학적으로 가장 가까운 친척인지 명확히 구별하는 것이 우선과제이다.

그리고 친척동물의 난자를 채취해 핵을 제거한 후 위스키병 속에 들어있는 태즈매니아 호랑이 새끼의 DNA를 추출해 핵이 제거된 난자에 주입하고 도로 그 동물의 자궁에 착상시켜야만 복제과정을 시작 할 수 있을 것이다.

세계최초의 태즈매니아 호랑이 복제시도는 1999년 오스트레일리아 박물관에 의하여 시작되었다. 그러나 별 진전 없이 연구는 지지부진해 졌다. 그 이유는 생체활성이 살아있는 DNA의 선별추출이 어려웠기 때문이다.

그러다 2002년 말에 술병속의 새끼호랑이 표본으로부터 복제가 가능한 DNA를 추출하는 개가를 올렸다. 그 후 2005년까지 계속된 연구진행과정에서 복제를 위해 꼭 필요한 염기서열중의 라디칼 일부가 너무 오랜 기간 접촉된 알콜에 의해 손상이 일어났다는 사실이 밝혀졌으며 따라서 복제계획도 일시 중단되었다.

그러나 복제에 관심이 있는 여러 학자들과 뉴 사우스웨일즈 대학교 총장, 오스트레일리아 박물관 책임자 등 사회적 리더그룹과 진화생물학자 등이 힘을 합해 진척이 있는 복제연구가 진행되고 있다.

2008년에는 미국 텍사스대학교 '리처드 베링어' 교수와 오스트레일리아 멜버른대학교 ' 앤드루 패스크' 박사팀이 이끄는 연구팀이 태즈매니아 호랑이 새끼표본에서 추출한 DNA를 다른 동물의 조직내에 이식, 생물학적 기능을 되살렸다고 보고했다.

따라서 점차 시간이 지나며 사라져간 이 동물의 복제에도 서광이 깃들고 있는 것이다.

지구상의 마지막 태즈매니아 호랑이는 1933년에 잡혔던 녀석으로 포획된 후 3년간 호버트 동물원의 철창 속에서 더 연명하다가 1936년에 죽었다. 그렇게 멸종된 이 동물의 존재는 80년이 지나는 동안 인간의 뇌리에서 서서히 잊혀져 갔다.
사실 태즈매니아 호랑이는 진화 과정에서부터 다른 동물들과 완전히 다른 길을 걸어왔다. 현재 어떤 동물이 유전학적으로 태즈매니아 호랑이와 가장 가까운 친척인지 판별이 난해한 것은 진화과정부터가 여타 동물과 다르기 때문이다.

2) 호주 동남쪽에 위치한 면적 6만8천 평방킬로미터의 태즈매니아 섬은 실로 처연한 슬픔을 간직한 곳이다.
경상 남, 북도와 전라 남, 북도를 합친 것보다도 더 큰 이 섬은 현재 오스트레일리아의 한 주로써 50만 명의 인구가 살고 있으며 주 수도는 호버트다.
태즈매니아 섬을 중심으로 킹 섬과 프린더스 섬, 퍼노 제도 등으로 이루어져 있으며 강수량이 많아 수력자원이 풍부하고 고원지대를 제외하면 산림면적이 전 면적의 40%가 넘는 옥토지역이다. 1642년 처음으로 발견된 후 1803년 영국령으로 편입되었으며 그때부터 대영제국이 죄수들의 유형식민지로 활용하였다.
당시 이 섬에는 태즈매니아 어를 사용하는 태즈매니아 족(태즈매니안)이 살고 있었다. 그들은 오스트레일리아 원주민들과는 달리 검은 피부에 짧은 두상, 고수머리, 넓은 코, 두툼한 입술, 무성한 턱수염을 가졌으며 키는 160cm정도로 작은 편이었다.

5000명이 넘는 인구가 10여개의 부족으로 나뉘어 각자 일정한 영역에서 평화롭게 살았다. 캥거루 가죽을 걸치고 바람막이 오두막에서 생활하면서 석기와 나무로 만든 창이나 곤봉 등을 사용하여 짐승들을 사냥하고 농작물을 거두면서 여름에는 시원한 내륙에서, 겨울에는 따뜻한 해안가로 나와 사는 이동생활을 했다.

유형식민지로 지정되면서 죄수들이 들어오자 원주민들은 이방인에게 마냥 친절하고 협조적이었다. 죄라는 것을 몰랐던 그들은 죄수를 구별할 방법도, 필요도 없었던 것이다.

그리고 소유의 개념이 부족한 태즈매니안에게는 방목을 시작한 소나 양이 오로지 손쉬운 사냥감으로밖에 보이지 않았다. 영국정부 측에서 보면 그들은 절해고도 유형지의 하찮은 방해자들일 뿐이었다.

정책적인 원주민 제거가 시작되었지만 그들은 자기들이 죽어가야 하는 이유도 몰랐다.

거기에다 새로운 역병에 대한 내성이 전혀 없었던 원주민들에게 인플루엔자를 비롯한 세균성 질환들이 급속히 전파되었다.

반복되는 재앙으로 1835년 이후에 이르러서는 고원지대로 숨어든 원주민 약200명 정도만 생존해 있던 것으로 추정된다.

그 후 1876년, 학살을 피해 인근 프린더스 섬으로 도피했던 최후의 태즈매니안 여성이 사망함으로써 태즈매니안과 태즈매니아 어는 영원히 지구상에서 사라졌다.

3) 척박한 고원지대의 풍토와 오스트레일리아 본토로부터 멀리 떨어진 이 섬의 특성 때문에 주머니고양이류인 '태즈매니아 데빌' 을 비롯한 진기한 동식물들이 풍부하지만 유달리 관심을 끄는 것은 신비로운 '태즈매니아 호랑이' 의 모습이다.

태즈매니아 호랑이(Tasmanian Tiger)의 학명은 라틴어로 Cynocephalus Thylacinus로써 '늑대머리의 주머니 개' 라는 뜻으로 머리와 이빨, 주둥이는 늑대와 유사하며 귀는 여우 귀처럼 삼각형으로 곧게 섰다. 날카로운 송곳니는 늑대의 그것보다는 오히려 호랑이의 송곳니를 연상케 한다.

그러나 머리 말고는 다른 여러 동물들을 더욱 짜깁기 해놓은 것 같은 생김새다. 즉 네 다리는 개와 비슷하고 발은 뭉툭한 것이 사자의 발과 닮았다. 허리와 궁둥이는 캥거루와 흡사하고 뒷발목이 매우 짧다. 그래서 다른 육식동물과 같이 잽싸게 달리기보다는 아마도 캥거루처럼 껑충껑충 뛰면서 필요한 때에는 꼬리를 버팀대로 사용하기도 했을 것이다.

하지만 호랑이라는 이름에 걸맞게 어깨 부분에서부터 시작되어 엉덩이에 이르는 13-19개의 어두운 등 띠와 갈색 링으로 연속되는 기다란 꼬리는 영락없는 호랑이의 무늬이다.

암컷의 배에 있는 육아 낭은 캥거루나 왈라비와 비슷하지만 자세히 보면 캥거루의 그것과는 좀 차이가 있다. 즉 캥거루처럼 주머니의 입구가 앞쪽으로 있는 것이 아니라 뒤쪽으로 향하고 있어서 새끼를 안고 다니는 형국이며 초승달 모양의 주름으로 된 구조와 4개의 젖꼭지 모양새는 태즈매니아 데빌의 그것과 흡사하다.
주둥이는 턱관절이 뱀처럼 이중 힌지로 되어 있어서 입을 거의 180도나 크게 벌릴 수 있다.
그래서 언뜻 보면 늑대와 호랑이, 그리고 캥거루를 짜깁기 해놓은 것 같지만 실은 여기에 사자와 태즈매니아 데빌, 뱀의 특징까지 더 해놓은 형태다.
그러나 실상을 알아볼수록 이 동물의 정체는 훨씬 복잡해진다.
이름이나 외양은 늑대와 호랑이의 중간쯤인 듯 싶기도 하다. 그러나 태즈매니아 호랑이는 유대류의 동물로써 태반류인 호랑이나 늑대하고는 유전학적으로 아무 연관성이 없다.
단지 수렴진화로 유명한 유대류답게 진화과정에서 그 외양이나 해부학적인 모습이 늑대와 호랑이를 닮아 간 것 뿐이다
일반적으로 육식동물들은 뒷발목이 길어서 유연하고 빠르게 달리면서도 지구력을 유지한다. 그러나 구조적으로 이러한 능력이 부족했던 태즈매니아 호랑이는 너무 많이 뒤쫓을 필요가 없는 작은 캥거루나 왈라비 따위를 주로 먹었을 것으로 추측된다.
지금으로부터 약 1만 수천 년 전, 태즈매니아 섬이 오스트레일리아 대륙과 육지로 연결되어있을 때 본토로부터 건너온 이들은 아시아의 호랑이나 아프리카의 사자처럼 대륙에서 가장 높은 생태적 지위를 누리면서 대단한 번영을 구가했던 유대류의 육식동물이다.
유대류란 캥거루나 코알라처럼 태반이 원시적이기 때문에 미숙한

새끼를 낳아 한동안 '육아낭' 이라 불리는 주머니에서 키우는 동물을 말한다. 태즈매니아 호랑이는 유대류의 육식동물 중에서 몸집이 가장 컸다.
이들은 주로 개활지나 밀림, 초원 등에서 서식했으며 크기는 몸길이 85-130cm, 어깨높이30-60cm, 꼬리길이 40-60cm정도이고 몸무게는 큰 것이 40kg이상이었다. 주로 단독으로 사냥을 하고 사냥감을 효과적으로 쫓아가 잡는 유능한 사냥꾼이었다.
오스트레일리아 본토에서 살았던 태즈매니아 호랑이는 지금으로부터 약 5천 년 전에 멸종되었다. 그 이유는 들개의 출현 때문이다. 인도네시아 쪽 섬에서 헤엄쳐 건너온 들개들은 집단으로 움직였기 때문에 각개격파 스타일인 태즈매니아 호랑이보다 훨씬 효과적으로 사냥을 할 수 있었다. 들개들은 태즈매니아 호랑이의 주된 먹이였던 왈라비를 타작함으로써 결과적으로 태즈매니아 호랑이를 도태시켰다.
당시 이 들개들이 수온이 차가운 남극권의 바다로는 헤엄쳐 건너지 못했던 까닭에 태즈매니아 섬에서는 이들 호랑이들이 멸종을 면했던 것이다.

4) 그러나 영국인을 비롯한 이방인들이 데리고 온 유순한 방목 양들 때문에 문제가 생겼다.

연약하고 맛좋은 양들은 태즈매니안이 멋모르고 처음에 그랬던 것처럼 태즈매니아 호랑이들에게도 너무나 손쉬운 사냥감이 되었고 급기야 정부는 태즈매니아 호랑이가죽에 현상금을 걸었다.
1888년부터 시작된 현상금 사냥으로 매년 100마리 이상의 태즈매니아 호랑이들이 잡혔지만 1905년부터는 그 수가 수십 마리씩으로 감소하다가 1909년에 단 두 마리가 사냥된 뒤로는 한 마리도 잡히지 않았다.
그 시기의 태즈매니아 섬에서는 호랑이들의 입장에서 볼 때 매우 심각한 변동이 계속되었다. 즉 반디맨스 랜드 회사에서 살기 좋은 땅들을 개인이나 회사에 헐값으로 분할 매각했다. 울창한 수풀에서는 벌목이 이루어지고 광활한 울타리가 둘러쳐진 다음 수많은 소와 양들이 방목되었다.
이로써 그들이 살아갈 수 있는 땅들이 점점 줄어들었다. 설상가상으로 1910년경부터 고양이전염병인 '디스템퍼'가 창궐했다. 이미 사냥꾼과 사냥개에게 쫓기면서 궤멸적 피해를 입었던 태즈매니아 호랑이들에게는 회복 불가능한 재앙이 되었을 전염병까지 덮쳐왔다.
그리고 24년이란 세월을 인간의 눈을 피해 은둔하며 어렵사리 생존해 오다가 그 존재가 거의 잊혀져갈 무렵인 1933년에 이르러 마침내 최후의 한 마리가 생포되었던 것이다.
1936년에는 멸종의 위기를 간파한 오스트레일리아정부가 뒤늦게 태즈매니아 호랑이를 보호종으로 선포했다. 하지만 너무나 때늦은 구원의 손길이었다.

보호종으로 선포된 후 3개월 만에 마지막 태즈매니아 호랑이가 호버트의 동물원에서 죽었다. 그 후로 80년이 지나도록 어느 누구도, 어디에서도 태즈매니아 호랑이를 본 사람이 없다.

태즈매니아 호랑이의 멸종은 태즈매니안의 절멸 후 꼭 60년 만에 일어난 비극이었다. 그리고 두 사건은 모두 같은 지역에서 동일한 침입자들에 의해 자행된 일이다.

나의 선배 허세욱

내가 허세욱 선배를 처음 만난 것은 십여 년 전 대한치과의 사문인회(치문회)의 세종문화회관 월례모임 자리에서였다.

지금도 그렇지만 치문회에서는 정기적으로 유명 문인들을 초청하여 문학 강좌를 개최하는데 때마침 허세욱 선배가 연자로 초빙되었던 것이다.

이미 오래 전부터 이리남성고 선배이신 허세욱 교수님의 문학세계와 학문적 업적에 대해서 잘 알고 있던 나에게는 미리부터 흥분과 기대에 차 있던 만남이었지만 막상 얼굴을 뵙고는 감히 말문조차 떼기도 어려워 그냥 조용히 앉아 말씀만 듣고 있었다.

이 전에 사진으로는 간혹 뵈었었지만 그토록 인물이 훤칠한 미남이신 줄은 미처 몰랐다. 가녀린 모습의 학자풍으로만 상상하고 있었는데 인자한 모습과 정감어린 목소리를 가진 키 큰 호남 형이셨던 것이다.

문학 강좌가 끝나고 화기애애한 여담이 오갈 때 허 선배님이 번역한 중국시인 '지센' 의 '배' 를 지금도 자주 암송하고 있다고 말씀드렸더니 좌중이 모두 놀라는 것이었다. 그 시가 한 동안 고등학교 교과서에 실린 후로 이미 사십년 가까운 세월이 지난 시점이었다.

한번 외워보라는 허 선배님의 말씀에 암송을 시작하였는데 비록 짧은 시이지만 너무나 심오한 깊이를 품었기 때문에 낭송이 끝났어도 좌중엔 잠시 침묵이 흘렀다.

이웃고 치문회 원로이신 김영훈 선생님이 말문을 여셨는데 '그 시 다시 들을 수 있겠냐' 는 주문이셨다. 그래서 나는 한 번 더 낭송을 반복했고 그 감동은 함께 자리했던 회원들의 가슴에 긴 여운으로 남았다고 한다.

이후로 허세욱 선배님과의 둘만의 문학적 밀월이 시작되었다. 수필을 쓰던 나는 허 선배님과 자주 만나며 그의 깊고도 넓은 문학세계에 마음껏 접할 수 있게 되었고 내 졸작은 일일이 선배님의 손길을 거치며 따끔한 충고와 지도를 받았다.

'글은 소리굽쇠야. 먼저 자기가 얻어맞고 울어야 옆에 있는 다른 소리굽쇠가 따라 울어. 자기 자신에게 스스로 감명을 주지 못하는 글이 어떻게 다른 사람의 마음을 울리겠나!'

'겉마음으로만 글을 쓰면 거짓과 허식이 눈에 보여. 그러니까 글을 쓰기 전엔 마음을 비우고 잡생각을 하면 안 되지.'

'자네 소설 (황금벌판)처럼 흐름보다 마음만 앞서면 읽는 사람 입장에선 답답하고 짜증스러운 내용이 되지. 그러니 여유를 갖고 글을 써야 해. 쓰기 전에 일백 번을 생각하고 쓰고 나서 일백 번을 다시 읽어라! 그래야 참된 글귀가 완성된다. 그 작품은 다시 개작해!'

'수필문장은 간결하고 전달하려는 뜻이 명료해야해. 되도록 짧은

글귀에 실리는 내용이 많을수록 좋지. 불필요한 어귀는 전달하려는 의미에 혼선을 일으킬 뿐이야.'

첩첩산중 시골구석인 전북 임실에서 태어나신 허 선배님은 가난 때문에 고향에 있는 고등학교에 입학하셨지만 한학에 대한 학구열과 남다른 재능이 대단해 이미 중학시절에 논어와 맹자에 심취하셨다. 당시 이리남성고는 후에 국회부의장까지 지내신 당대의 한학자 윤제술 선생님이 교장이셨다.
한학공부를 위해 지방 유명사학에 진학하고 싶으셨던 선배님은 고등학교 초학년 때 당돌하게도 남성고 윤제술 교장선생님을 무작정 찾아간다. 그리고 다짜고짜로 교장실 앞에 무릎을 꿇고 앉아 이 학교에 편입을 시켜주면 나중에 큰 한학자가 되어 꼭 은혜를 갚겠다고 간청하셨다.
턱도 없는 일이었지만 이를 범상치 않게 본 윤제술 교장선생님이 '네가 한학공부를 했다면 내 앞에서 사서삼경을 아는 대로 외워라' 라고 명하신 것이다.
긴 시간에 걸쳐 사서삼경을 암송하던 이 어린 학생에게 특별편입의 허락이 떨어졌고 그리하여 허 선배님은 나의 고등학교 20년 선배님이 되셨다.
그리고 1972년 내가 고등학교 1학년 이었을 때 국어교과서에 실린 당시 중화민국 국립 타이완 대학의 30대 젊은 교수이자 중문학 박사인 허세욱의 번역시 지센의 '배' 를 접하게 된 것이다.

남성고를 마친 허세욱은 한국외국어대학 중문학과를 졸업하고, 1960년 국립 타이완대학 초청장학생으로 뽑혀 대만으로 건너가 타이완대에서 박사학위를 받고 그 대학 교수로 재직하시면서 중국어로 시와 수필을 발표, 중국문단에 등단한다. 그리고 80년대 초에 귀국하셔서 한국외국어대 중문과교수로 부임하신 후 미국 아이오와대와 버클리대에서 수학하시고 1999년까지 고려대 교수를 역임하셨다.

타이완대 유학시절 일찍이 중국문예협회의 '중국문학상' 을 수상할 만큼 학문과 예술에 모두 깊은 조예를 가지시고 〈중국고대문학사〉, 〈중국근대문학사〉, 〈중국현대문학사〉를 비롯한 중문 학술서적과 중국어와 한국어로 된 시집, 수필집 등 모두 170여 권의 저서를 내셨다. 이 학문적 업적을 기리기 위해 현재 북경 중국국립도서관에 '허세욱 특별실' 이 따로 마련돼 있다

2008년에 출간하신 한글수필집 '송정 다리' 의 서문은 이렇게 시작된다.

'시간적 원점이 멀어질수록 기억은 새로운데 막상 고향 그 자리에 서면 나는 낯선 나그네가 된다. 고향집은 날로 황폐하고, 눈 익은 우물가는 새로운 얼굴뿐이다.

그래서 고향은 찬비에 젖고 나는 때마다 훌쩍 떠나왔다. 징검다리였던 송정다리가 철근 콘크리트 다리로 바뀔지라도 나의 고향사랑과 지구유랑은 계속될 것이다.' 구구절절 모두가 가슴에 와 닿는

명문장이 아닐 수 없다.

40여 년 전 당시 고등학교 국어교과서에 실렸던 허세욱 역 지센의 '배' 를 회고한다.

'저 배 바다를 산보하고/ 난 여기 파도 흉용한 육지를 항행한다/ 내 파이프 자욱이 연기를 뿜으면/ 나직한 뱃고동 남 저음 목청/ 배는 화물과 여객을 싣고/ 나의 적재단위는/ 인생이란 중량.'

연암의 '열하일기' 를 '속 · 열하일기' 로 새로 엮으시며 연암의 발자취를 따라 중국대륙 방방곡곡을 수없이 헤메시던 허세욱 선배는 마지막 답사에서 돌아오신 후 열흘만인 2010년 7월 1일 홀연히 우리 곁을 떠나셨다. 너무나 갑작스러운 부음에 접하고 오로지 황망할 따름이었다. 그리고 어언 5년의 세월이 덧없이 흘러갔다.

서재에 꽂힌 선배님의 수많은 저서 맨 앞장에는 빠짐없이 '영진 아우에게' 로 시작되는 친필 증정사가 적혀있다.

비록 일상에 젖어 선배님의 기대에 부응하는 창작활동에 충실하지 못하고 있지만 앞으론 그 가르침을 이어받아 진솔한 수필문학에 더욱 정진할 생각이다.

〈금세기의 걸출한 중문학자, 허세욱 교수 소개〉

허세욱은 1934년 전북 임실에서 태어났으며, 6·25 무렵부터 서당에서 훈장선생님과 한문을 공부하면서 중문학과 처음 만났다. 이리 남성고를 거쳐 한국외국어대 중국어과를 졸업하고, 1960년 타이완으로 건너가 국립 타이완 사범대 중문과 대학원에서 중국문학을 전공하여 석사 및 박사학위를 받았다.

1961년 타이완에서 중국어로 시와 수필을 발표하여 중국 문단에 등단했고, 국립타이완대학 교수로 재직하다가 한국외국어대학 중문학과 교수로 부임, 귀국한 뒤에도 국내에서 왕성하게 학술 및 창작 활동을 해왔다.

중국, 대만에서 활동하는 동안 대만국립사범대학에서 '한중시화연원고(韓中詩話淵源考)'로 문학박사 학위를 받았을 뿐 아니라, 중문으로 시와 수필을 써 그곳 문필가들과 깊은 교류를 가졌다.

귀국 후에는 한국외국어대와 고려대에서 중국 고전문학과 현대문학을 강의했다. 1999년, 정년퇴임 후에는 수필문학계의 원로들로 이뤄진 수필문우회 회장을 맡기도 했던 중문학자이자 수필가 겸 시인인 허세욱 교수는 학문과 예술을 아우르는 문사(文士)로 유명하다.

즉, 한국외국어대학교 중국어과와 고려대학교 중문과 교수를 역임하면서 중국문학 연구의 초대 개척자로 활동했을 뿐 아니라, 시집과 수필집을 내며 꾸준한 창작 활동을 펼쳤다.
일찌기 1960년대에 중국문학지 〈현대문학〉과 〈작품〉에 시로 등단한 다음, 1972년에는 중국문예협회에서 제정한 중국문학상을 수상하기도 했다.
우리말의 묘미를 한껏 살리고 시적인 미감을 잘 표현한 한시 번역으로 잘 알려진 그는 특히 이백(李白) 시 번역의 권위자로 손꼽힌다. 뿐만아니라 〈한국시선〉, 〈박목월 시선—나그네〉, 〈정지용 시선—향수〉 등 주옥같은 우리 시를 중국어로 번역해 중국 현지에서 출간했다.

저서로 〈중국현대시 연구〉, 〈중국수필사〉, 〈중국인 · 중국문화〉, 〈허세욱의 중국문학론〉 등이 있고, 시집으로 〈청막〉, 〈땅 밑으로 흐르는 강〉, 〈바람이 멎는 곳〉 등이 있으며, 그 밖에 〈움직이는 고향〉, 〈인간 속의 흔적〉, 〈실크로드 문명기행〉, 〈허세욱의 중국문학기행〉, 〈배는 그만두고 뗏목을 타지〉를 비롯한 170여권의 학술, 문학관련 책들이 있다.

허세욱의 명저 '속 · 열하일기' 는 연암이 여행하던 당시의 중국에 대하여 현대적 시각으로 바라보고 있다.
근대 한국문학사상 한 정점을 이루는 연암의 '열하일기' 를 바탕으로 허세욱은 연암의 행적을 따라 오늘의 중국을 계속 답사하면서 그의 여정을 답습했던 것이다. 그리고 중국 대륙 가운데 어김없이 새겨져 있는 연암의 발자취를 음미하며 이색적 풍속과 광활한 중국 대륙의 내음을 전했다.

또 연암의 인간됨과 그의 탁월한 문장에 숨어 있는 당시의 시국을 살펴보는 날카로운 눈을 추적했다. 그러면서 허세욱은 새로운 강자로 떠오르고 있는 중국을 바라보는 새로운 시각을 제시했다.

속 · 열하일기를 펴낸 후 허세욱은 연암에 대해 다음과 같이 회고한다.

"연암은 후대의 누구도 따를 수 없는 천재성을 보였다. 고독했던 사람, 뜨거웠던 사람이 훨훨 털고 일어서서 자유와 풍요에 대한 절절한 염원을 구체화했다.

천재는 신(神)으로 쓰는데 연암은 발로 뛰었다. 미치광이나 잡시가 아니라 살아 있는 선비로서 뛰었던 것이다. 연암의 발자취를 따라 일 년 동안 발로 뛴 날들이 즐거웠다."

밤 깊은 소관탈

드디어 가까운 지인인 H교수와 소관탈 섬으로 밤낚시를 가기로 약속한 날이 되었다.

낚시일정만 잡혔다 하면 며칠 전부터 설레는 마음 때문에 도무지 일이 손에 잡히지 않는다.

심지어는 조용히 잠들었다가도 안방 천장에서 환영처럼 요동치는 찌의 신기루에 화들짝 놀라 비몽사몽 밤잠을 설치기 일쑤다. 출조 전날쯤 되면 반은 미친놈 형국이다. 별로 쓸데가 없는 낚시용품들까지 모조리 늘어놓고 이상한 열병식을 거행한다.

그냥 사용해도 될 깨끗한 낚싯대를 괜스레 닦아대다가 무심코 벽에 들이꽂아 값비싼 카본 호사끼를 잡아먹고 혼자서 벙어리 냉가슴을 앓곤 한다. 아마도 낚시 매니아가 아니라면 도통 이해할 수 없는 비정상적인 사건이 한두 가지가 아닐 것이다.

보통 때에는 좋은 물건이나 패션에도 관심이 없고 백화점에도 잘 가지 않지만 유독 낚시용품만은 모조리 최고급 명품들이다. 온 집안에 시글시글 넘쳐나던 낚싯대나 알록달록 동글동글한 찌, 장구통 릴이나 스피닝 릴, 고어텍스로 된 모자와 낚시 옷, 갯바위용 장화 같은 허접때기들의 가격을 알아낸 아내는 하마터면 졸도할 뻔 했었다.

집구석 여기저기에서 쓰레기처럼 발에 걸리던 물건들이 모조리 일반인의 상식으론 전혀 생각하기 힘든 가격대였으니…

오늘도 인천국제공항이 개항한 다음부터 국내선 전용으로 바뀐 김

포공항에서 제주행 비행기 시간을 기다리며 단골 낚시점에 전화해서 현지기상을 알아보고 내 전용 낚싯배격인 '해광호' 선장의 안부를 묻는다. 오늘밤에 시도할 먼 바다 야간낚시의 안전과 어획고를 좌우하는 두 중심축은 선장과 낚시 가이더이다.

늘 취중인 사람 좋은 해광호 선장은 말 소주를 마셔도 끄떡없다고 항상 큰소리치지만 높은 파도 속에서 암초에 밀착해 배를 붙여야하는 위험한 야간 선상낚시에 음주란 어림도 없는 일이다.

김포공항을 떠난 비행기는 순식간에 인천앞바다를 지나쳐 서해안 쪽으로 얌전하게 누워있는 안면도 상공을 가로지른다. 석양에 번쩍이는 머나먼 수평선이 그윽하다.

소관탈 낚시 때문에 하도 이 하늘 길을 많이 지나다녀 이제는 아무리 높은 상공에서도 웬만한 지형지물을 훤히 헤아릴 수 있다. 직선으로 쭉 뻗은 대호만 방조제에 연이어 조그만 섬을 축으로 바다를 그어버린 새만금 뚝 길이 발 아래로 미끄러져 지나간다.

태초부터 형성된 거대한 자연의 모습을 인공적인 모습으로 바꿔버린 인간의 저력에 다시금 경탄을 금할 수 없다.

산야를 꿰뚫은 도로와 질서정연한 농경지, 단순화된 해안선이 경이로운 기하학적 아름다움을 발산한다.

점점이 낚싯배가 떠 있는 제주해협을 가로지르자 어느새 화산섬 특유의 검은색 해안과 삼나무에 둘러싸인 바둑판같은 밀감밭들이 아기자기한 모습으로 다가온다.

비행기가 착륙하자마자 급히 공항을 빠져나와 단골낚시점에 도착하니 여일하게 반기는 낚시가이더의 구릿빛얼굴이 듬직하다.
말하기 쉽게 가이더라고 부르긴 하지만 그는 먼 바다 낚시에서 우리의 안전과 조황을 좌지우지하는 야전사령관 격이다.
그러나 오늘밤엔 우리와 함께 출조하지 못하게 되었단다. 선약된 단체낚시 팀이 있어서 그들과 함께 바다에 나가야 한다며 양해를 구한다. 한편으로는 막연한 불안감이 앞섰지만 아직 아마추어인 H교수 앞에서 당황하는 기색을 보이지 않고 계획대로 야간낚시를 강행하기로 결심했다.
가이더는 오늘밤 소관탈에 파도높이 2m, 북서풍이 8-10m쯤 불 것으로 예측했다. 오끼나와 북쪽에서 다가오는 8호 태풍 때문에 내일 오후가 되면 소관탈 해역의 파고가 4m로 높아질 것이므로 어떤 일이 있더라도 오전 10시 안에 반드시 철수하도록 선장에게 지시한다. 적어도 제주근해에 관한 한 그의 예측이 빗나가는 법은 없었다.
한발앞서 제주에 도착했던 H교수와 둘이서 짝을 이뤄 5톤급 FRP선인 해광호에 오른 시간이 오후 여섯시였다. 작지만 둘이서 편안하게 누울 수 있는 따뜻한 선실을 갖춘 해광호는 높은 파도와 세찬바람으로부터 우리를 보호해주는 바다위의 한 점 아늑한 휴식처이자 보금자리에 다름아니다.
설레는 마음으로 1시간을 넘게 항해하여 해질녘에 소관탈에 다다랐다. 소관탈은 제주도 북서쪽 약 30Km 해상에 위치한 작고도 아름다운 암초 섬이다. 높이가 약 30m쯤에다 둘레가 200m나 될까 말까한 삼각팽이 모양의 외로운 바위덩어리여서 어디하나 발붙일 곳이 없다. 태풍이라도 부는 날에는 꼭대기까지 파도에 휩쓸려 순간적으로 잠겨버리곤 한단다.

일렁이는 파도를 헤치며 문안인사를 겸해서 한 바퀴 돌아본다. 다행히 다른 낚싯배는 한척도 없었다. 오늘은 우리가 소관탈 섬을 통째로 전세 낸 날이다. 오, 행운이여! 예감이 썩 좋았다

거친 파도와 싸워가며 소관탈 암벽에 로프를 묶느라 30분을 먼저 허비한 후에야 겨우 닻을 내릴 수 있었다. 닻줄과 소관탈에 맨 로프를 동시에 잡아당겨 로프의 양쪽끝과 닻이 형성하는 삼각형의 중심에 배를 고정시켜야 한다.

한참동안 소동을 벌인 후에야 배를 고정시킬 수 있었다. 소관탈과의 거리는 50m, 똥 여와의 거리는 70m. 조 사장이 점지해준 야간 돌돔낚시 최적의 위치를 잡았다.

더 어두워지기 전에 채비를 갖추어야 한다. 돌돔 떼를 유인하기 위해 이 선장은 한꺼번에 크릴 4장을 썰망에 투입하고 조류를 따라 흘려보내기 시작했다. 조류의 속도는 구멍찌 낚시에 적당한 초속 50cm 정도였다.

거물을 다루는데 익숙치 않은 H교수는 과감하게 중장비인 3호대를 펴고 나는 예민한 가마가쓰 슈퍼인테사 1호대에 쮜리겐 제로 찌, 릴은 시마노 스텔라 3000번에 원줄은 쎄가 5호, 목줄은 3호 브이하드를 사용하고 바늘은 가마가쓰 7호로 스마트하게 데뷔했다.

어스름이 깔리기 시작해서 쮜리겐 구멍 찌에 초소형 전자 찌를 부착하니 조류에 따라 흘러가는 전자 찌의 빨간 불빛이 은은한 황혼

을 배경으로 수평선에 나부끼는 신비경을 연출한다. 석양 속에 아스라한 한라산 정상도 낙소에 물들어 어둑한 주홍으로 빛나고 그 주변을 유유히 맴도는 발그레한 구름들이 여유롭다.

2m면 그리 높지는 않은 파도였지만 배가 양측 로프로 고정되어 롤링이 매우 심했다. 선상낚시를 시작한지 한시간만에 뱃멀미로 허무하게 무너지며 전의를 상실한 H교수는 눈물 콧물과 함께 위장을 깨끗이 비운 후 조용히 선실로 퇴장하고 만다.

뱃멀미가 얼마나 무서운가? 게다가 배를 타기 전에 키미테를 양쪽 귀밑에 붙이고 멀미약까지 왕창 먹어댔으니 이제는 돌아갈 때까지 다시는 낚싯대를 잡아보지도 못할 것이 뻔했다. 칠칠찮게 이 정도의 파도에 혼수상태가 되어가지고 여기까지 다 와서 엎어진 몰골이 그게 뭐야! 프로가 되려면 아직 멀었어, 당신은…

혼자서100m쯤 암초를 따라 찌를 흘려보내고 되감기를 반복했다. 입질은 없지만 선장은 크릴을 계속해서 투입한다. 오후 9시 반이 되도록 헛손질만 반복하다가 드디어 50m 전방에서 전자 찌의 불빛이 서서히 사라져 갔다.

아- 기다리던 이 순간! 힘껏 챔 질을 했으나 재수 없는 밑 걸림이었다. 한참동안 바위와 씨름하다 원줄까지 잡아먹고 말았다. 20분이나 걸려 채비를 다시 갖추니 밤 10시가 넘는다. 보기에도 딱한지 이 선장이 커피를 한잔 끓여다 준다. 한참 후 그 위치에서 찌가 다시 잠겨들었다. 행여나 하고 챔 질을 했지만 또 밑 걸림. 진작 매듭 사를 2m만 올릴걸! 용만 쓰다가 찌와 채비를 또 떨어뜨리고 말았다.

파도 따라 깜박깜박 멀어져간 내 찌! 우수리 목줄 달고 사라져간 내 찌! 고기얼굴은 구경도 못하고 그 비싼 쮜리겐 찌와 목줄채비를 두 벌씩이나 날렸다. 손해액이 무릇 기하이뇨?

자정이 지나도 조용했다. 선장은 오늘밤 수온이 너무 낮은 것 같다고 딴전을 피운다. 내심 미안한 마음이 든 건 알지만 당신의 잘못은 아니니다. 너나 잘 하세요~ 다. 오호 애재라, 이러다 완전 꽝치고 빈 손으로 돌아간 게 어디 한두 번의 일이었던가?

두 시를 넘기자 눈꺼풀이 무거워지고 감각이 둔해지기 시작한다. 이제서부터 버텨내는 건 오로지 정신력일 뿐이다. 요동치는 배에서 일곱 시간동안 헛손질을 계속하면 심신이 피로해 거의 자포자기 상태가 된다.

선장도 지쳤는지 선실 문에 기대앉아 도로~롱 거리며 코를 곤다. 선실안의 H교수와 선실 밖의 선장이 함께 코를 골아대는 소리가 묘한 화음을 이루며 마치 꿈속의 자장가처럼 들린다. 에잇, 나도 그만 들어가 잠이나 잘까?

그러나 어떻게 온 낚시인데 그렇게 허무하게 이 밤을 날려버릴 수는 없다. 서울 도심 속의 높다란 건물 11층에 있는 우리 치과에서부터 엘리베이터 타고 내려와 지하철로 땅속을 달린 다음 비행기로 하늘을 날아 또 허겁지겁 땅 위에서 택시타고 그리고 그것도 모자라 배까지 전세 내어 예까지 왔다.

게다가 오늘을 기다려 얼마나 많은 밤들을 가슴 설레며 뜬눈으로 지새웠던가?

사그라져드는 전의를 스스로 북돋우기로 했다. 심호흡을 하며 썰망에 크릴밑밥을 더 집어넣고 절벽을 따라 채비를 거듭 흘려보냈다. 쉬지 않고 건너편 벼랑을 향해 주걱으로 밑밥을 뿌려주는 품질도 계속했다.

저수지 밤낚시 때에 흔히 들려주던 처량한 산새소리도 울리지 않는다. 밤은 점점 깊어가고 오로지 소관탈 암초에서 포말을 일으키며 부서지는 무심한 파도소리만이 교교할 따름이다.

새벽 세시가 지난다. 점점 정신이 아득해 온다. 어느 누구라도 이 몰골을 본다면 비싼 돈 주고 사서 고생하며 무슨 청승이냐고 핀잔을 주겠지…

어쩌면 야속하게 이리도 반응이 없을까? 혹여 동네방네 소문난 낚시도사가 납신 것을 이미 눈치 챘는지도 몰라!

나도 모르게 저절로 눈이 감기는데 70m 전방에서 명료하게 빛나던 전자 찌가 스르륵 빨려들며 벌건 불빛을 물속으로 흩뿌렸다.

잠긴다… 투명한 밤바다 속으로 아름다운 핑크빛 노을이 번진다.

왔다!

숨이 멎고 머리가 싸악 맑아지며 온몸에 짜르르한 전율이 스친다. 마구 방망이질치는 심장의 고동이 가슴을 두드린다. 인간사 백팔번뇌가 일순간에 사라졌다.

잽싸게 스풀을 올리며 힘껏 잡아채는 순간, 삐-잉 하는 피아노소리가 밤바다를 갈랐다.

선장은 튕기듯 일어나고 반원을 그린 낚싯대 끝은 쐐-액 소리를 내며 물속으로 빨려갔다.

미륵산 챙바위

내 고향땅은 언제나 엄마 품 같은 미륵산이 포근하게 감싸 안고 있는 곳이다.

미륵산은 제일 높은 곳이 해발 340m밖에 되지 않았지만 넓디넓은 만경평야 북쪽 끝에 자리 잡고 있어서 정상에 올라서면 남녘으론 대장촌 너머 만경강이 은하처럼 감아나가고 좌, 우로 전주와 군산은 물론 멀리 부안읍내까지도 가물거리며 아기자기하게 한 눈에 들어온다.

해질녘, 산정에 오르면 능금 빛 저녁노을 아래로 아스라한 서해바다가 마치 금가루를 흩날리는 신기루처럼 손에 잡힐 듯 다가오곤 했다.

하지만 산과 하늘이 만나는 굴곡진 등성이마다 천혜의 위치를 노리고 인간이 쌓아올린 갖가지 송신탑과 중계탑들이 잔뜩 흉물스런 위용을 뽐내고 있다.

그러나 나는 아직껏 미륵산이 화내는 것을 한 번도 본 적이 없다.

내가 아주 어렸을 때부터 아버지께서는 사업 때문에 멀리 도시에 나가서 사셨고 우리 형제자매들과 할아버지, 할머니 등 나머지 가족들은 그렇게 미륵산이 지켜보던 시골에서 살았다. 인자하셨던 할아버지와 할머니께서는 어려운 형편에서도 언제나 웃는 얼굴로 손자들을 지극히 보살폈다.

국민학교에 들어가기 전에는 동네 서당에서 천자문을 배웠다. 마치 산신령처럼 길고도 풍성한 허연 수염을 흩날리던 회초리 훈장 선생님을 우리들은 북성 양반이라고 불렀다.
그 훈장님의 고향이 북성이라서 붙여진 존칭이라고들 했지만 솔직히 나는 아직도 북성이 어디인지 모른다. 한 때는 북극성으로 오인한 적도 있었지만 그것은 어디까지나 물정 모르던 소시 적 일이었을 뿐이다.
눈 내리는 겨울이면 우리 형제들은 문간채 사랑방에서 올망졸망 검정이불 하나로 혹한을 버텨냈다. 하지만 군불 때는 땔감은 언제나 맏이인 나 혼자서 해결해야만 했다.
엄동설한에 소나무밭에 들어가서 청솔가지를 딸 때는 나뭇가지가 얼어서 살짝 낫을 대기만 해도 가지가 뚝뚝 떨어진다. 그렇게 쉽사리 나무 한 짐을 챙겨 와도 모두가 생솔가지라서 불을 붙일 때는 매캐한 연기가 온 집안을 뒤덮었다.
눈물을 철철 흘리며 아무리 후후 불어대도 불붙이기가 쉽지 않았다. 그러나 한번만 불이 댕겨지면 송진성분이 많아서 투두둑거리며 저절로 잘도 탄다.
그 당시에는 거의 모두가 그랬던 것처럼 줄무늬 내복 한 벌에 노란 무궁화 양철단추의 검정 대마지 교복 한 벌이 유일한 방한복이었다.
여덟 살이 되던 해에 국민학교에 입학했는데 학교는 집에서부터 자그마치 3km가 넘는 거리에 있었다. 고개를 넘고 시내를 건너 숲속 오솔길과 논두렁길을 따라 한 시간하고도 30분은 족히 더 걸렸다.

그러나 우리동네가 너무 작아 같이 학교에 갈 동급생도 없어서 이것저것 해찰을 하면서 어슬렁어슬렁 걸어가면 실제로는 한나절이나 잡아먹었고 그래서 나는 학교에서 늘 지각대장이었다.

겨울철에 그 먼 길을 걸어서 홀로 수업을 받으러 다니던 기억은 한마디로 악몽이었다.

혹한을 타고 파고드는 칼바람으로 귀는 얼어 터지고 손과 발은 겨울 내내 동상에 걸려 부어있었다. 눈만 내리면 스며드는 눈으로 검정고무신 속이 가득 찼다. 털고 또 털어내도 눈은 곧 녹아서 발을 적시고 젖은 발은 부풀어 올라 피부가 벗겨져 발걸음을 옮길 때마다 쓰리고 아팠다.

기나긴 겨울을 지내다가 혹 감기에라도 걸리면 할아버지께서는 한식경이나 걸리는 동구 밖 석불리 너머 능그리목 무허가 한약방에서 탕약을 지어다 달여 주셨다.

한번만 달여 먹으면 아까우니까 몇 번씩이나 삶아댔는데 두 번째 끓인 약물을 재탕, 세 번째 끓인 약물은 삼탕이라 불렀다. 하지만 삼탕 쯤 되면 한약재가 목욕을 하고 지나간 물이나 진배없었다.

탕제는 언제나 알 수 없는 먹물글씨가 휘갈겨진 약봉지로 솜씨 좋게 포장되어 있었는데 할머니께서는 약을 쌌던 그 종이만 달여 먹어도 병을 일으킨 잡귀가 약명에 놀라 달아나기 때문에 병이 낫게 되는 것이라고 말씀하셨다.

그토록 혹한과 감기에 시달리다가도 봄만 되면 온 산하가 연초록옷으로 갈아입고 나를 반긴다. 비단결 같은 훈풍이 겨우내 얼어터

진 피부를 살갑게 어루만져 주었다.
사월이 되면 언덕길엔 아지랑이가 깔리고 높은 하늘에서는 종달새가 쉬지 않고 노래 불렀다. 멀고 먼 오솔길 지평선 위에 장엄하게 누워있는 미륵산 정상으로 옅은 구름들이 흘러가고 길가에 펼쳐진 시리도록 푸르렀던 보리밭은 마음속에 새 생명과 희망을 채워주었다.
시냇가를 걸으면서 물소리와 얘기했고 산길을 걸으면서 새들과 노래했다. 길가의 할미꽃이나 민들레, 질경이 한 송이도 모두가 새록새록 소중한 존재들이었다.
보기에도 아까운 이런 봄 친구들과 함께하면 멀고 먼 등하교 길이 조금도 지루하지 않았다. 어제는 다소곳했던 할미꽃 꽃망울이 오늘엔 함초롬한 꽃송이가 되어 인사를 건넨다. 발걸음마다 기뻤고 매일 매일이 새로웠다. 논둑길에서는 쑥을 캐고 언덕길에서는 달콤한 삘기를 뽑았다. 말라붙은 쇠똥에 불을 붙여 여기저기 들불을 놓았다.
집보다 숲이 좋았고 개울이 좋았으며 물고기와 개구리와 돌멩이와 곤충과 산과 들이 그대로 모두 친구가 되어주었다.
어찌어찌 국민학교 6년을 보내고 열네 살에 중학교에 입학했다. 중학교는 더욱 멀어서 편도 십 오리가 넘었다. 길이 좀 넓어져서 가끔 군용차가 흙먼지를 날리며 지나다니는 것 말고는 국민학교 시절과 별로 다를 바가 없었다.
새벽 6시에 집을 나서면 9시가 다 되어서야 학교에 도착했다. 무거운 책가방에 점심과 저녁 도시락을 두 개씩이나 넣고 들고 다녀야 했다. 어째서 그 무거운 가방을 어깨에 메고 다닐 수 있도록 만들지 않았었는지 아무리 생각해도 도무지 알 수가 없다.
아침에 집을 나선 후 학교에 도착하면 배가 너무 고파서 첫 시간을 마치자마자 점심용 도시락을 먹는다. 그리고 점심시간에 저녁용 도시락을 먹으면 수업이 끝나고 집에 도착할 무렵인 오후 8시쯤엔 거의 탈진상태가 되었다.
머나먼 하교 길에 친구들과 함께 남의 고구마 밭에 들어가 고구마를 캐 먹거나 보리이삭을 따서 모닥불을 피운 후 보리 민둥이를 만들어 먹는 것쯤은 예삿일이었다. 무를 뽑아 먹거나 배추뿌리를 캐 먹는 것은 그랬다 쳐도 딸기서리나 참외서리는 몰매를 각오하고 감행해야 하는 모험이었다. 한번은 옹에 밭에 들어갔다가 미쳐 따 먹어 보지도 못하고 개에 물려 일주일이나 피를 흘리며 발을 절뚝기리고 다녀야만 했다.
일요일이 되면 논이나 밭에 나가 농사일을 하고 밤에는 고단해 잠자기에만 바빴으니 돌이켜보면 집이라고는 숙소의 가치밖에 없었던 듯싶다.
그토록 어려웠던 시절 나의 마음을 보드랍게 감싸주고 고달픈 삼십리 등하교 길을 위로해준 것은 언제나 변함없는 미륵산 맨 오른쪽 등성이의 챙바위였다. 군인모자처럼 생긴 챙바위는 그윽한 미소를 머금은 채 아침이나 저녁이나 학교에서나 집에서나 늘 나를 지켜보고 있었다.

그 당시 미륵산 중턱에는 무반동포 사격장이 있어서 사격훈련을 하는 날이면 포탄이 터지는 폭음에 장짓문이 덜커덩하고 저절로 열릴 지경이었다. 허옇게 피부가 벗겨진 산자락에서 포탄이 작렬할 때마다 번쩍이는 섬광이 눈을 찔렀다.

그러나 인자한 챙바위는 지축을 울리는 포성에도, 허리에서 터지는 포탄에도 아랑곳 하지 않고 비가 오나 눈이오나 늘 그윽한 미소를 머금은 채 끝없는 황톳길을 걸어 다니는 나를 말없이 지켜보고 있었다.

나는 미륵산 챙바위와 남몰래 약속하고 또 약속했다. 자라면 대학교수가 되어 멋진 카이젤 수염을 기르고 중절모를 쓴 채 말을 타고 이 길을 지나며 정중히 인사드리겠노라고…

그리고 사십 여년의 세월이 거짓말처럼 흘러갔다. 사격장의 포성이 멎은 지도 어언 삼십년이 훨씬 지났다.

오늘의 챙바위는 사격장이 폐쇄된 후 아무 탈 없이 자라난 소나무들 사이로 그 끝 부분만이 어렴풋이 보인다.

아마도 나만이 챙바위 끄트머리를 나뭇가지들 사이에서 감별진단할 수 있을 것이다.

미안스럽게도 대학교수가 되어 중절모에 말을 타고서 근엄하게 인사 올리겠다던 챙바위와의 약속은 지키지 못했다. 약속을 지키기는커녕, 나는 요즘 고향에 갈 때마다 깨끗하게 면도를 한 채 승용차를 몰고 '저런 싸가지가 있느냐' 고 웅얼거리는 챙바위의 푸념을 뒤로 흘리면서 쏜살같이 미륵산을 스쳐 지나가버리곤 한다.

잊고 싶기만 한 아린 추억을 모조리 꿰뚫고 있을 챙바위만 생각하면 귓볼이 빨개지므로…

아무튼 잽싸게 내뺄 수 있게 쭉 뻗은 4차선 아스팔트 도로가 오로지 고마울 따름이다.

희망봉이 준 선물

출근길엔 황사비가 내리더니 만개한 자목련이 또 하나의 구름을 이루고 있는 봄날 오후이다.

오늘도 언제나처럼 동대문에서 광화문까지 청계천 냇가를 걸어서 퇴근한다. 광화문역 까지 걸어간 다음 5호선을 타고 오목교근처 우리 집에 도착하려면 모두 70분이 걸린다.

동대문 옆 버들다리 밑에선 키버들이 하루가 다르게 짙은 초록색으로 물들어가고 경쾌한 물소리가 리듬분수와 어울려 나름의 교향악을 연주한다.

여기저기 새로 싹튼 원추리와 꽃창포들이 봄의 전령처럼 하루의 일과에 지친 내눈과 마음을 씻어준다. 자동차와 오토바이가 없는 갯가에서 새와 초목과 물고기와 함께 숨 쉬며 걷는다는 것은 얼마나 환상적인 일인가!

배오개다리 근처에서 요즘 청계천에 둥지를 튼 한 쌍의 청둥오리와 인사한다. 갈색 암놈이 며칠간 안 보여서 걱정했는데 다행히 오늘은 흰 목도리 예쁜 수놈과 물장난을 치고 있다.

처음에는 새우깡을 한 봉지씩 들고 가서 녀석들에게 나눠주곤 했지만 사람들이 음식을 함부로 던져주는 것을 보고서는 포기했다. 떡이나 부침개, 삼겹살, 먹다 남은 김치까지 안 주는 것이 없다. 심지어 놀리듯 스티로폼 도시락 껍질까지도 찢어서 던져준다.

시골 촌구석에서 자란 나에게 억새는 논두렁의 적이었고 바라구는 밭농사의 원수였다. 그러나 청계천 물가에 어우러진 억새와 바라구는 왜 이리도 청순하고도 상큼한가?

옛날에 수없이 뽑아 말려 죽인 잡초들에게 미안했다. 하지만 어쩔 수 없었다. 나도 먹고 살아야 했으니까!

관수교 못 미쳐서는 털부처꽃 사이로 능소화 덩굴들이 앞서거니 뒤서거니 돌 벽을 기어 올라가고 주변엔 철쭉까지 삼색으로 만개해 있다. 광통교 아래 여울속의 돌무덤 사이에선 뼘치 급 붕어들이 떼를 지어 몰려다니다가 언뜻 나를 발견하고는 깜짝 놀라 잽싸게 도망친다. 역시 눈치 빠른 녀석들은 달라! 먼발치에서도 낚시꾼을 용케 알아본다니까 글쎄…

빠르게 걷기 35분을 마치고 청계천 광장으로 올라선다. 서울생활 삼십년에 이렇게 도심에서 물소리를 들으며 퇴근을 할 수 있다는 게 마냥 꿈처럼 느껴진다.

이 멋진 퇴근길을 위해 진료시간을 1시간이나 줄였다.

오늘의 감회를 맛보기까지 나에게는 두 가지의 행운이 뒤따랐다. 하나는 청계천의 복구라는 행운이고 또 하나는 남아프리카 공화국의 희망봉에서 얻은 행운이다.

나는 서울에 살기 시작한 이후로 30분 이상을 계속 걸어본 일이 거의 없는 것 같다. 어쩌다 여의도 윤중제 벚꽃놀이라도 갔다하면 발이아파 30분 이상은 걸을 수 없었다.

사실 지난해가 되도록 지금 신고 다니는 종류의 신발은 한 번도 신어본적이 없었다. 길거리 표 아니면 잘해야 K나 E상표의 구두를, 그것도 아내가 억지로 끌고 가다시피해서 겨우 한 켤레씩 장만했을 뿐이다.

별로 아끼고 싶은 생각도 없이 함부로 구겨 신고 다니기만 했으니 오래 걸으면 발이 편할 리 없었다. 물론 멋이나 패션 같은 것도 생각해본 적이 없었다. 출근하면 반드시 까운을 입게 되니까 겉옷은 그냥 걸치기만 하면 되는 식으로 30년 넘게 살아왔다.
언젠가는 아내가 '유난희'의 '명품 골라주는 여자'라는 책을 사와 보여주기에 우리와는 상관없는 일이라며 코웃음을 쳤다.
그리고 목동 현대백화점 개관 1000일 기념행사로 1000원씩 이웃돕기 성금을 내면 추첨을 통해 신데렐라를 뽑는 이벤트 행사가 있대서 여기에 응모했다는 아내의 이야기를 듣고 한참을 웃었다.
응모권에 일련번호가 찍혀 있어서 살펴보니 이십 몇 만 번 째었다.
그 인산인해 중에 댁이 뽑힌다고? 하하~ 꿈 깨! 그나마 1000원도 안 내고 일련번호도 없는 인터넷 응모까지 몽땅 다 받았다는데…
그리고 5월 하순 우리 가족은 아프리카로 여행을 떠났다. 남아프리카공화국의 케이프타운에서 열리는 세계학회에 참석하고 인근 빅토리아 폭포를 비롯한 잠비아와 보츠와나, 짐바브웨의 초베 국립공원 등 아프리카 남부 5개국을 순방하는 일정이었다.
행운권 응모 따위는 벌써 까맣게 잊은 지 오래였다.
그리고 아내가 현대백화점 개관 1000일 기념 신데렐라로 당첨되던 날 우리는 아프리카 대륙 최남단의 남아프리카 공화국 희망봉에 가 있었다.
백화점 측에서는 온갖 방법으로 통신을 시도했지만 텔레파시조차도 지구의 반대편엔 결코 도달하지 못했다.

우리 일행은 케이프타운과 요하네스버그를 거쳐 아프리카 남쪽의 여러 나라들을 계속 여행했고 연락이 닿지 않아 속 타던 백화점 측은 쉬지 않고 응모권에 적힌 집 전화에 매달렸지만 먹통이었다.
응모권의 여백이 너무 적어 핸드폰 전화번호는 아예 적을 공간도 없었던 것이다.
그 후 6월이 시작되고도 한참 지난 어느 날 드디어 우리는 귀국을 했고 행사 담당이었던 늘씬한 미모의 백 대리는 마지막으로 집에 전화를 걸어 아내와 통화를 시도했다.
여행길에서 막 도착한 아내는 욕실에 들어갈 참에 전화벨 소리를 들었다. 그 전화를 안 받았으면 당첨권은 일정상 후순위에게 넘어갈 판이었다.
그렇게 희망봉은 우리에게 행운을 주고 또 지켜주기까지 했다. 그래서 지금도 내 컴퓨터 바탕화면은 언제나 희망봉이다.
며칠 후 우리 부부는 아침부터 백화점에서 온갖 옷가지들과 명품을 챙겼다.
하루 종일 '명품 골라주는 여자'의 저자이자 쇼 호스트로 유명한 '유난희' 씨가 직접 우리부부에게 어울리는 명품들을 골라주고 의상은 디자이너 '앙드레 김'이 추천하는 것을 일일이 입어보고 걸쳐보며 무수한 사진에 박힌 다음 보따리에 꾸리는 식이었다.
그리고 백화점 직원이 줄줄이 따라다니며 골라진 물건 값을 지불했으니 우리는 그냥 챙겼다는 표현밖에 달리 할 말이 없다.
우리부부는 선택권도 없었고 지불권도 없었다. 우리는 그냥 마네

킹노릇만 하면 그만이었다.
새로운 옷이나 장신구들은 전속디자이너의 지시에 따라 모두 한 번씩 입어보고 걸쳐보며 카메라 플래시 세례를 받아야 했다.
나는 그 날에 이르러서야 비로소 어떤 메이커 이름을 가진 물건들을 명품이라 부르는지 알았다.
백화점이 문 닫는 늦은 시간이 되어서야 쇼핑은 끝났고 곧이어 백화점 측이 미리 준비해놓은 신데렐라 파티가 시작되었다. 난생 처음 겪어보는 명품소나기에 초호화판 잔치로 한편으론 기쁘긴하면서도 약간은 어리둥절했던 하루였다.
손목시계, 반지, 목걸이, 팔찌, 핸드백, 구두, 벨트, 모자, 선글라스, 정장에 캐쥬얼, 넥타이, 속옷까지 종목당 몇 벌씩 아예 차떼기를 했다.
어떤 물건들은 황망 중에 구입해 준 점포에서 미처 챙겨오지도 못했는데 나중에 집으로 배달된 뒤에야 흘리고 왔던 것을 알았다.
그리고 새 옷과 화려한 온갖 악세사리로 장식된 우리 부부의 근사한 겉모습 사진은 리모델링 전의 후줄근했던 모습들과 비교, 현대백화점 책자에 멋스러운 변신의 사례로 거듭 광고되었다
그 사진들을 보며 좀 계면쩍고 부끄럽긴 했지만 어쨌든 그 후로 나에게는 많은 변화가 생겼다. 명품구두를 신어보니 두 시간을 계속 걸어도 발이 편안하여 항상 걷기를 즐긴다.
새치 뒷머리엔 염색을 하고 손목시계나 벨트도 되도록 멋진 것을 찾는다. 약간의 패션 감각을 가지고 자존심도 살려가며 앞으로도 매일매일 청계천 길을 경쾌하게 걸을 수 있을 것 같다.

인디애나의 적란운

미국 인디애나폴리스 '퍼듀' 대학의 P교수를 방문하기로 약속을 한 뒤로 일 년 동안이나 일정을 잡지 못했다.

차일피일 미루다가 이제야 15일간의 휴진날짜를 잡고 비행기 표를 구입하며 준비를 마쳤다. 이번이 첫 미국행은 아니고 단체로 학회나 여행을 다녀오긴 했지만 이번처럼 단독으로 방문하는 것은 처음이라서 저으기 걱정이 앞섰다.

짧은 영어실력에 비행기도 여러 번 바꿔 타야하고 공항 대기시간도 만만치 않았던 것이다.

인천공항에서 출발하여 로스앤젤레스 공항에 내릴 때까지 십여시간의 비행에 파김치가 되었다. 공항에서 셔틀버스를 타고 LA다운타운에 가서 사우나에 들어가 몇 시간을 쉬고 나니 피로가 좀 풀렸다.

그리고 늦은 밤이 되어 다시 LA공항으로 돌아가서 라스베가스 행 국내선 여객기로 갈아타고 세 시간을 날아 라스베가스 공항에 도착하니 승객 대기실에도 온통 슬롯머신 뿐 이었다.

지루한 시간을 또 공항에서 보내고 인디애나폴리스 행 비행기로 갈아타야만 했다.

탑승시간을 기다리면서 심심풀이로 25센트 동전을 넣고 슬롯머신 게임을 했는데 막 비행기를 타러 갈 참에 몇 백 불짜리가 맞았다. 그리곤 '또로록' 거리며 쿼터가 계속 쏟아지는데 비행기를 바꿔

타야할 시간은 다가오고 동전은 계속 쏟아져 나오고…정말 난감했다.
안절부절 하자 바로 앞의 인디애나 행 탑승구에 서있던 안내원이 웃으면서 다가와 자기가 입구를 지키고 있으니 안심하고 동전이 다 나올 때까지 기다려도 된다는 것이었다.
도박천국에 오니 벼라별 희한한 서비스가 다 제공되는 것 같아 쓴웃음이 지어졌다.
이른 새벽이 되어 별들이 총총한 사막도시의 어둠을 가르고 여객기는 이륙한다. 그리고 한 시간쯤 지났을까. 어둠이 서서히 걷히는 밤하늘의 여명을 헤치며 유유히 창공을 가로지르던 아메리칸 웨스트 항공 비행기의 투명한 기창 밖으로 끊임없이 펼쳐지던 장엄하고도 화려하기 그지없는 운무와 불꽃의 파노라마…
비행기가 구름에 잡혀버릴 때까지 그것은 하나의 커다란 행운에 다름 아니었다. 수많은 토네이도를 모조리 합쳐놓은 것 같은 맹렬한 인디애나의 적란운이 펼치는 태초의 장관을 몸으로 체험한다는 것은…
칠흑 같은 어둠이 걷히며 동쪽에서 서서히 밝아오는 핑크빛 노을을 배경으로 홀연히 솟아오르는 거대한 버섯구름을 처음 본 것은 현지시각으로 새벽 여섯 시 경이었다. 그런데 시간이 지나면서 엄청난 크기로 성장하며 비행기 꽁무니까지 바짝 다가온 시간이 일곱 시쯤 되었을까?
구름은 점점 무서운 검은 색으로 성장해가고 내부에서는 붉고 푸른

빛을 뿜는 무수한 번개가 마구 뒤엉키며 끊임없이 명멸하는 것이었다.

믿을 수 없으리만큼 현란한 섬광의 향연은 일평생 보아온 번갯불을 모조리 합친 것보다도 아마 몇 천배는 많았을 것이다.

불꽃과 어우러진 무서운 검은 구름은 비행기 뒤를 그렇게 계속 따라오는가 싶더니 이내 비행기를 덮쳐버렸다. 그 시간이 아마 오전 일곱 시 조금 지나서였던 것 같다.

비행기가 갑자기 붕 뜨더니 아침 기내식으로 나온 오믈렛이 와장창 쏟아지고 커피 잔도 내동댕이쳐지며 나가 떨어져 버렸다. 이건 비행중 가끔씩 경험하는 보통의 에어포켓에 걸린 상황이 아니었다. 쿵! 하고 떨어지는가 싶으면 다시 고속엘리베이터를 탄 것처럼 위로 솟았다. 현기증이 일었다. 바로 머리위의 화물 함 뚜껑이 '딱' 소리를 내며 저절로 열리고 내용물이 와르르 쏟아졌다. 그리곤 통로를 따라 온갖 물건들이 함부로 굴러다녔다.

창밖은 다시 밤처럼 깜깜해지고 번갯불이 마치 불꽃놀이 하듯 쉼없이 번쩍거렸다. 승무원들은 모조리 어디엔가 틀어박혀 한 사람도 발견할 수 없었다.

공군 군의관 때 훈련기 뒷자리를 얻어 타고 숙련비행을 하다가 엔진고장이 일어나 거의 추락 상황으로 혼이 난 적이 있다.

마침 우리 공군기지 상공이었기에 망정이지 정말 아주 골로 갈 뻔했었다. 간신히 활주로에 내리꽂히듯 불시착 한 후 석 달 동안이나 허리를 쓰지 못했다. 이번에도 자꾸 불길하게 그 생각만 났다.

뭐라고 자꾸 안내방송을 하는데 여기저기에서 나는 비명소리와 우당탕거리는 소리에 묻혀 알아들을 수도 없었다. 좌우로 마구 쏠리는 바람에 양쪽 팔걸이를 꼭 잡고 허리를 앞으로 굽히는 자세로 30분도 넘게 버텨야 했다.

오늘이 한국시간으로 서기 ○○○○년 9월 10일이다. 정말 땅바닥을 다시 밟을 수나 있을지 영 자신이 없어졌다. 멀미가 심해져 속이 뒤집어지고 울렁거리며 정신마저 혼미해졌다.

뭐라고 방송만 계속 해 대는데 그 중에 갑자기 랜딩이라는 말에 귀가 번쩍 뜨였다. 이내 마구 퍼붓는 폭우 속으로 돌진하나 싶더니 갑자기 쿵! 하며 바퀴가 땅에 닿는 충격이 전해져 왔다.

비에 젖은 활주로를 서서히 미끄러지듯 달린 후 보딩브릿지에 접속해서 휘청거리는 발걸음으로 겨우 비행기를 빠져나왔다. 도착수속을 끝내고 공항대기실에 들어서니 폭우 속에서 마중을 나온 P 교수를 비롯한 여러 지인의 얼굴이 보인다.

그 반가운 얼굴들을 보자 드디어 살았구나 하는 안도감에 온 몸이 축 처지며 눈물이 핑 돌았다.

새 천년의 지평에서

세기의 기원이 예수의 탄생이라는 종교적인 동기에서 비롯되었고 하루 전인 어제와 오늘이 크게 다르지 않다 하더라도 새로운 한 세기는 2000년 1월 1일 오늘 부터 다시 시작되었다.

약 250만 년 전 원시인류가 지구상에 나타난 이래 불과 무기를 효과적으로 활용하기 시작했던 일 만 년 전까지는 무서운 맹수나 파충류의 눈을 피해가며 살아야 했다.

그 무서움이 얼마나 컸었는지 지금까지도 맹수의 포효소리나 악어, 뱀의 비늘에 소름 돋는 뿌리 깊은 공포의 원천이 인간의 유전자에 각인되어 있는 것이다.

아프리카 대륙에서 잉태된 원시인류는 '오스트랄로피테쿠스 아프리카누스' 를 거쳐 '피테칸트로푸스 에렉투스', '시난트로푸스 페키넨시스' 등의 과정을 지나 '호모 에렉투스', 그리고 '호모 사피엔스' 로 긴긴 세월동안 진화를 거듭하게 된다.

호모사피엔스 시대로 접어든 다음에는 오랜 기간에 걸친 구, 신석기시대를 보내고 청동기와 철기문화를 맞아 부족사회와 원시국가의 형태가 갖춰지면서 비로소 문자가 등장하게 된다.

이 후, 역사의 소용돌이 속에서 수많은 문명과 국가들이 명멸하는 와중에 이천여년 전에 이르러 예수의 탄생으로 기원 후, 즉 AD가 시작되었다.

기원 이후로 종교갈등이 증폭되던 서양에서는 십자군 원정과 로마시대를 거치면서 점점 심화되어가던 종교적 맹신으로 중세의 암흑기를 자초한다. 이렇게 야기된 종교적 암흑기인 1400년대 초반에 페스트를 비롯한 역병의 만연이라는 국경을 초월한 대 참극을 겪게 된다.

이 때 신앙과 참회만으로는 절대로 역병을 극복할 수 없다는 현실을 뼈아프도록 깨닫게 되었는데 이로 인하여 근세의학과 이성적인 과학문명의 싹을 틔우는 동기가 형성되어 졌다.

그리고 불과 5백 년 전 '구텐베르크'에 의해 제대로 된 인쇄술이 고안되고 나서야 비로소 본격적인 지식의 대중전달이 가능해졌다. 즉 서적이나 인쇄물을 통한 대중교육과 정보의 효과적인 전달 및 지식의 대량비축이 일어나기 시작한 것이다.

이러한 과정을 거쳐 근세에 이르면서 전제적 왕정이나 절대 권력은 정보에 눈뜬 민중의 저항과 봉기를 불러 일으켜 의회정치와 같은 다수결에 의한 민주주의의 토대를 쌓게 되었다.

1900년대에 지난 한 세기동안 인류가 정신적, 물질적으로 이룩한 엄청난 격변과 진보는 인류 역사상 일찍이 경험해보지 못한 놀라운 결과물들의 연속이었다.

산업혁명을 거치면서 팽창된 생산력을 바탕으로 부국강병과 영토 확장에 혈안이 된 열강들은 식민지를 둘러싼 탐욕의 전쟁에 말려들지 않을 수 없었다.

이로 인하여 지난 세기의 전반기에 걸쳐 비인간적이고도 폭력적인 시행착오를 거듭함으로써 수 천만의 인명을 희생시키고 온 인류를 빈곤과 고통의 구렁텅이에서 헤메이게 했다.
돌이켜보면 만약 '니체'가 '신은 죽었다'고 외치지 않았다면 '히틀러'나 '뭇솔리니', '도죠 히데끼' 같은 사람들의 이름은 우리의 뇌리에 남아있지 않았을지도 모른다.
혹은 제국주의와 자본주의의 산실인 대영제국의 왕립도서관이 마르크스에게 연구실을 내주지 않았었더라면 '스탈린'으로 대표되는 암울한 냉전과 6·25라는 동족상잔의 비극은 없었을지도 모른다. 또한 '프로이드'가 마음의 구조와 형성 과정을 파헤치지 않았다면 정신분석학에 기초한 인간 내면세계 탐구의 빛나는 족적들이 혹시 궤도를 달리 했을지도 모른다.
이러한 과거와 다가온 미래가 교차하는 역사의 지평에 선 우리 세대가 쌓아나가야 될 진정한 가치와 존재이유는 무엇인가.
수십 억 광년이나 멀리 떨어진 까마득한 우주의 저쪽에서 거대한 블랙홀의 흡인력을 바탕으로 은하 수십 개의 에너지를 한꺼번에 뿜어내는 신비한 천체 퀘이사의 존재와 유전형질을 결정짓는 인간게놈의 염기서열을 동시에 알고 있다는 것은 인류역사상 처음으로 우리세대가 누리고 있는 놀라운 행운이다.
의사들은 각종 호르몬이나 약물을 사용하여 인간의 뇌기능을 조절함으로써 기쁨과 슬픔의 감정까지 만들 수 있을 뿐더러 신의 영역으로 간주되었던 유전자를 조작함으로써 질병을 치료하고 필요한 장기의 복제를 시도할 수도 있다.
과학자들은 이미 개발단계에 와 있는 신경망 컴퓨터 뿐만 아니라 그보다도 한 단계 앞선 단백질 분자구조의 생물성 메모리 소자를 이용하는 DNA컴퓨터와 광컴퓨터, 양자컴퓨터를 개발함으로써 인식기능과 기억을 저장하고 스스로 행동하는 로봇의 개발에도 서광이 비치고 있다.

몸과 마음의 안식처이자 사회와 개인을 이어주는 연결고리였던 전통적 가정의 형태는 기존의 틀을 깨고, 수많은 언어가 소멸하거나 통일되며 세계인은 한 가족처럼 되어 갈 것이다.

이토록 과학화되고 정보화된 미래의 모습에서 우리는 새롭게 피어나는 진리와 이성과 질서의 실체를 볼 수 있을 것이다.

그렇지만 분명한 것은 인간이 끊임없이 창조해 내는 어떠한 새로운 조건이나 환경 속에서도 우리가 속한 사회의 규범과 질서, 그리고 정서적 인간성이 유지되도록 지혜를 도출하고 실천해 나가야 한다는 점이다. 더욱 발전된 정치, 경제체계나 과학적 진보, 정보의 홍수는 생활수단의 개량일 뿐이다.

제아무리 샹들리에와 네온사인의 불빛이 휘황해도 편안한 숙면을 이루기 위해서는 두 눈을 감을 수밖에 없는 것이 인간이다.

그리고 시간이 지나면서 누구나 늙고 병들지 않을 수 없다.

오늘이 또다시 계속되고 영원히 이어질 듯 하지만 생로병사의 굴레를 결코 벗어나지 못하는 것이 우리의 운명이다.

미래에 대한 기대와 새천년이 엮어갈 미지의 세계가 향유할 신비로움과 함께 근본적 인간성의 상실에 대한 우려 또한 깊어지는 밀레니엄이 다시 시작되었다.

개개인의 양심과 올바른 윤리관을 유지하고 진실한 사랑과 행복에 가장 큰 가치를 부여하며 희망과 열정의 등불이 꺼지지 않는 인간 본위의 시대를 여는 일, 즉 '테크노 휴머니즘'의 실현이야말로 새로운 천년에 우리가 이룩해야 될 일이다.

남아프리카의 별

1) 남아프리카 공화국을 향한 여정

오래전부터 준비한 세계학회 참석 겸 남아프리카 5개국 순방 여행 일정이 다가왔다.

같이 출발하는 일행은 김재덕 지도교수님을 비롯한 박태원, 한수부, 이상래, 최순철, 류인철 교수 등 치과계의 저명한 리더들과 사모님들이 함께하시게 되어 매우 기뻤다.

인천국제공항을 출발하여 일단 싱가포르까지 간 다음 남아공 요하네스버그행 비행기로 갈아타야 했다.

싱가포르 공항에서 7시간 이상을 기다린 후 남아프리카항공 여객기에 탑승했는데 싱가포르에서 요하네스버그까지는 직항으로 가도 비행시간이 무려 16시간에 이르렀다.

비행기의 진로가 서쪽이므로 아무리 날아도 달이 조금씩 기울어만 갈 뿐 지지를 않는다. 계속 둥둥 떠 있는 보름달을 바라보며 거의 20시간 가까이 야간비행을 계속한다. 여객기의 모니터 화면에서는 쉬지 않고 맨손체조와 몸통운동 따라 하기만 나온다. 그렇게 꾸준히 몸을 풀어주지 않으면 뼈 마디마디가 굳어지는 것 같았다.

탑승시간이 너무 길어서 잠도 오지 않고 세 차례나 제공되는 기내식도 나중엔 냄새조차 맡기 싫어졌다.

드디어 아침햇빛 가득한 요하네스버그 상공에 도달했다. 아기자기

한 시가지를 나지막이 가로지르며 공항으로 향하는 남아프리카 항공 보잉747 점보여객기의 주 날개 끝 수직 윙에 그려진 국기 마크가 선명하게 보였다.

드디어 착륙한다. 남아프리카 공화국의 수도 요하네스버그는 해발 2500m에 이르는 고지대이다. 그래서 비행기에서 내려 입국수속을 마치도록 답답한 가슴이 쉽게 풀어지지 않았다.

요하네스버그 공항은 국제선 청사와 국내선 청사가 꽤 멀리 떨어져 있는데 셔틀버스가 없어 도보로 이동해야 한다. 무거운 트렁크를 질질 끌며 탑승시간이 얼마 남지 않은 케이프타운 행 국내선 청사로 줄지어서 마구 뛰어가야 했다.

그러다가 중간에 붙어있는 이정표가 엉터리여서 길을 잘못 들어버렸다. 다시 원점으로 되돌아오고 하다가 헐떡이는 가슴으로 간신히 국내선 청사에 도착하니 짐 검사를 한답시고 모주리 일렬로 잡아두는 것이 아닌가! 정말 나태하기 이를 데 없는 근무태도였다.

우리나라 같으면 어림도 없을 속 터지는 일들이 연속으로 발생하는 것이었다. 그리고 아프리카를 떠날 때까지 잊을 만하면 이와 비슷한 상황이 꼭 한 번씩 우리 일행을 괴롭혔다.

케이프타운행 국내선 여객기가 다시 요하네스버그공항을 이륙했다. 인천공항을 출발한 지 만 32시간이 지난다. 앞으로 남은 케이프타운까지의 비행시간은 약 세 시간, 목적지까지 항공편으로만 이틀이나 걸리는 기나긴 여정이었다.

2) ‘케이프타운’과 ‘케이프 포인트’

드디어 멀리 신비스러운 테이블마운틴이 구름 사이로 아스라하게 보이기 시작한다.

정말 언제 다시 올 수 있을지 모르는 지루하고 기나긴 여행길이었다. 그래서 발 아래로 보이는 화산 분화구 같은 거대한 골뱅이모양의 다이아몬드 노천광산에서부터 산자락 한 개 한 개의 스카이라인까지 모두 머릿속에 담아두고 싶은 풍경이었다.

세계 영상치의학회 개최장소는 케이프타운 ‘아라벨라쉐라톤 그랜드’ 호텔이었다. 케이프타운에서 제일 가는 그 호텔의 인터내셔널 컨벤션 센터는 그 시설이나 규모가 세계학회 개최지로 조금도 손색이 없었다. 그러나 호텔 출입구 뿐만 아니라 엘리베이터조차 카드키가 없이는 일절 사용하지 못하도록 보안이 철저해서 불편할 지경이었다.

케이프타운에 도착하던 날 저녁식사 장소였던 케이프타운 최대의 쇼핑센터인 ‘워터프론트’에서 바라보는 테이블마운틴은 마치 그 신비로운 자태를 뽐내듯 석양아래 우뚝 서 있었다. 정상부가 테이블처럼 평평하고 빙 두른 산자락은 깎아지른 모양이어서 마치 서커스단의 중절모를 넓게 펴 놓은 듯하다. 주로 케이블카를 타고 올라가는 그 산 정상은 대서양과 인도양을 한눈에 바라볼 수 있는 전망

대로 유명하다.

해발 1087m의 테이블마운틴은 원래 그냥 평평한 초원지대였으나 일정한 면적이 융기를 시작하여 수만 년이 지나면서 저렇게 산정만 일직선으로 보이는 독특한 형태로 솟아올랐다고 한다.

테이블마운틴 정상까지 케이블카가 설치되어 있었지만 우리 대표단이 케이프타운에 머물던 5일간 내내 비가 내리고 바람이 부는 등 일기가 좋지 않아 정상에 오르지 못했다.

케이블카 타는 곳까지 구불구불한 길을 따라 버스를 타고 세 번이나 갔는데 구름이 끼면 산정에서 아무것도 보이지 않으므로 케이블카를 운행하지 않는다. 그래서 케이프타운을 떠날 때까지 끝내 정상을 밟아보지 못하고 계속 허탕을 치면서 시간만 낭비했다.

케이프타운의 바다 쪽 번화가인 워터프론트 항구에서 고속페리를 타고 40분을 항해하면 '로빈아일랜드' 에 갈 수 있다.

이튿날 아침 일찍 페리에 승선하고 바다 위를 달려 도착한 '로빈아일랜드' 는 차가운 남극권 바다로 철저히 격리된 해상감옥으로 오랜 세월 악명을 떨쳤던 곳이다.

남아프리카 공화국 전 대통령 '넬슨 만델라' 가 17년간 구금당했던 가슴 아픈 역사를 지니고 있다. 그 날은 학회 일정상 짬이 생겨 모처럼 원로교수님들을 포함한 대부분의 가족들이 함께 움직일 수 있었다.

만델라 대통령이 구금돼 있던 방은 누워서 팔을 양쪽으로 펴면 손바닥이 양 벽에 딱 닿을 만큼 좁은 공간이었다. 그 방에 누워보니 거기에서 17년간 갇혀 지냈다는 만델라 대통령의 고난을 어렴풋이 나마 실감하게 되는 것 같았다.

로빈아일랜드를 떠난 우리 일행은 케이프타운 시내에서 남쪽으로 70km 거리에 있는 아프리카 최남단의 케이프 포인트(CAPE POINT)로 향했다.

거기는 인도양과 대서양이 만나는 곳인데 일대가 희망봉 국립공원으로 지정되어 있어서 진기한 동식물들이 자연 상태로 잘 보존되어 있었다.

이 케이프 포인트는 바람이 거세고 조류가 매우 세차서 난파하는 배들이 많아 두개의 등대를 봉우리에 세워두고 있는데 밤에는 60km가 넘는 거리의 바다에서도 등대 불빛을 볼 수 있다고 한다.

케이프 포인트에서 오른쪽을 내려다보면 약 1km 거리에 희망봉이 있다. 이렇게 희망봉(CAPE OF GOOD HOPE)은 케이프 포인트 오른편으로 훨씬 낮은 고도에 위치해 있지만 옛날 인근 해역을 지나던 배들이 인도양과 대서양이 만나는 이 험난한 해역을 무사히 지나기를 희망하는 마음에서 '희망봉' 이라고 이름 지었다고 한다.

희망봉은 1468년에 '티아즈' 에 의해 발견되었고 희망봉을 돌아 대서양에서 인도양으로 향하는 인도항로는 1497년 '바스코다가마' 에 의해 처음으로 개척되었다.

그동안 숱하게 이름을 들어온 그 유명한 희망봉이 이토록 작고 초라한 바닷가 언덕배기에 불과했다니… 케이프 포인트에서 출발하여 도보로 희망봉을 한 바퀴 도는 데 두 시간쯤 걸렸다. 세찬 바람이 쉬지 않고 몰아치는 케이프포인트 일대의 초원은 좀 삭막한 분위기였지만 자연 상태로 잘 보존되어 야생 타조와 임팔라들이 마구 뛰놀고 있었다.

3) '주벤바흐' 와이너리와 '크리스텐 보쉬'

희망봉을 뒤로 하고 일행은 남아공의 가을정취가 물씬 풍기는 '스텔렌 보쉬' 의 '주벤바흐 와이너리' 로 향했다.

와이너리에 도착해서 덜컹거리는 마차를 타고 언덕길을 오르자니 끝없이 펼쳐진 포도밭 사이사이에 '라이너마리아 릴케' 의 '가을날' 이 짙은 포도주색으로 스며있었다.

이백 년 전통에 빛나는 '주벤바흐 와이너리' 의 고색창연한 와인 시음장이 자리한 황토색 구릉은 '에밀리 브론테' 의 '폭풍의 언덕' 한 장면을 연상케 했다. 그리고 아름답고도 고즈넉한 시음장 내부에서 장작 타는 냄새 그윽한 커다란 벽난로가 와인향기와 어우러지며 우리를 즐겁게 해 주었다.

와이너리에서 얼큰하게 와인을 몇 잔씩 걸친 우리 일행은 세계 최초이자 현존 아프리카 최대의 식물원으로 9천여 종의 진기한 화초와 나무들이 자라고 있다는 '크리스텐보쉬' 식물원으로 향했다. 식물원을 둘러보는 길에 광활한 숲 한가운데에서 갑작스러운 돌풍과 함께 세찬 소나기를 만났다.
헐레벌떡 멀리 떨어진 산속 별장으로 달려가는 동안 내내 몰아치던 가을 비바람이 회원들을 괴롭혔지만 별장에 도착하자마자 멋진 원목 커피하우스의 웅장한 페치카가 단숨에 추위와 피로를 풀어주었다.
폭우가 계속 쏟아지던 그날 밤, 우리는 케이프타운에서의 마지막 저녁 식사를 즐겼다. 손가락으로 모든 음식을 집어 먹는 순 아프리카 식(혹은 몬도가네식) 식사에 앞서 밥그릇에 담긴 꽃잎을 띄운 까만빛 물에 손가락 세탁을 먼저 해야 했다.
식사 전의 전통 의식이었다지만 식탁도, 식당내부 벽도, 시중드는 사람들도 모두 새까만 배경 뿐인데 손 씻는 검은 물은 과연 어떤 성분이었는지 궁금했다. 그날 밤 특별 메뉴로 악어요리가 나왔는데 맛은 닭고기와 별반 차이가 없는 것 같았다.

4) '빅토리아' 폭포와 '잠베지' 강

다음 날 우리는 비행기로 짐바브웨의 '빅토리아 폴' 공항으로 향했다.
두 시간의 비행 끝에 도착한 짐바브웨 '빅토리아 폴' 공항에서 한 시간동안 버스를 타고 빅토리아 '킹덤' 호텔에 도착했다. 초호화판인 킹덤 호텔은 객실 각각에 베란다가 붙어 있었고 베란다 지붕이 전통적인 초가 형태여서 마치 아프리카 어느 부족마을 방갈로 초막에 들어온 기분이었다.

호텔 로비와 복도, 실내는 온통 흑단 원목으로 꾸며져 있었고 베란다 바깥은 빙 둘러서 인공호로 설계되어 아프리카의 신비한 정취를 만끽하게 해 주었다.

밤이 되자 이 호텔에서 약 2km 거리에 위치한 빅토리아 폭포에서 물 떨어지는 굉음이 어둠에 묻힌 하늘과 땅과 정글에 은은하게 울려 퍼졌다.

이튿날 기다리던 빅토리아 폭포 관광에 나섰다. 장엄하게 흐르던 폭 1600m를 넘는 잠베지 강의 거대한 물줄기가 갑자기 120m 아래 낭떠러지로 한꺼번에 낙하한다.

1분에 무려 30만 톤의 물이 부서져 내리는 잠비아와 보츠와나의 국경인 '레인보우 브리지' 에서 바라보는 빅토리아 폭포는 가히 장관이었다. 언제나 자욱한 물보라로 무지개가 떠 있는 다리라서 레인보우 브리지란 이름이 붙여졌단다.

이 다리가 없었던 시절, 빅토리아 폭포는 깎아지른 절벽에 붙어서야만 간신히 볼 수가 있었으므로 과거 원주민들이 폭포를 관측하기란 매우 어려웠다. 해서 옛날부터 현지 흑인들 사이에서는 치솟는 물보라와 굉음만을 본떠 빅토리아 폭포를 '천둥소리가 나는 연기' 라고 불러 왔다고 한다.

약 150여년 전인 1855년 영국의 유명한 탐험가 '리빙스턴' 이 발견하고 '빅토리아' 여왕의 이름을 따서 '빅토리아 폭포' 라고 명명한 이 폭포는 나이아가라 폭포, 이구아수 폭포와 함께 세계 3대 폭포의 하나로 잘 알려져 있다.

잠비아와 보츠와나 국경인 잠베지 강에 가로놓인 '레인보우 브리지' 와 다리아래 수면과의 높이는 150m가 넘는다. 여기에서 용감한 사람들이 번지점프를 즐긴다. 매 번 끈을 허리에 매단채 뛰어 내린 사람의 형체가 거의 보이지 않을 때까지 까마득히 떨어져 사라지곤 했다. 평소에 고소 공포증에다 유달리 겁 많은 나에게는 소름 끼치는 광경이 아닐 수 없었다.

잠베지 강은 짐바브웨를 지나 빅토리아 폭포를 거쳐 잠비아, 보츠와나, 모잠비크, 앙골라, 말라위를 횡단하여 인도양으로 흘러든다.

그 날 해 질 녘에 시작된 환상적인 잠베지 강의 선셋 크루즈는 이번 여행의 클라이맥스에 다름 아니었다.

석양을 황금빛으로 물들인 낙조를 배경삼아 유유히 흐르는 잠베지 강의 크루즈선상에서 샴페인 잔을 들고 몰아(沒我)의 순간에 잠겨 있는 회원들의 어깨너머로 또 하루가 저문다.

까마득한 나날을 가르며 흘러온 이 아름다운 강과 은은하게 울리는 빅토리아 폴의 폭포소리와 주변의 정글, 그리고 멀리서 눈만 내놓고 우리를 지켜보던 하마 떼가 말해주는 무수한 아프리카의 전설들이 수면에서 은파가 되어 흩어졌다.

그날 밤 킹덤 호텔에서는 우리 대표단을 환영하는 민속공연이 베풀어졌다. 다양한 민속춤과 공연이 펼쳐졌는데 북소리에 맞추어 율동하는 춤사위는 거의가 역동적이긴 하지만 단조로운 것들이었다.

5) '초베' 국립공원과 남아프리카의 별

우리 일행의 다음 행선지는 보츠와나공화국 '초베' 국립공원이었다.

'초베' 국립공원은 면적이 수만 평방킬로미터에 이르는 초대형 천연동물원으로써 7만5천 마리의 코끼리를 비롯한 사자, 표범, 하마, 기린, 악어, 버팔로, 코뿔소 등이 야생상태로 서식한다.

비포장 도로를 덜컹거리며 철망씌운 지프를 몰고 달리는 사파리 도중에도 코끼리, 누, 임팔라, 쿠두, 라일락 브레스트, 롤라(뇌조류), 얼룩말 등이 갑자기 길을 막아 수시로 브레이크를 밟아대야 했다.

바로 지난주에 안전수칙을 어기고 정글 속 사파리차량 안에서 술을 마시다 잠깐 내려 소변을 보던 중국남자가 표범의 습격을 받아 만신창이가 됐다는 이야기를 듣고 오싹해졌다.

널따란 잠베지강 하류의 지평선에서 무수한 코끼리떼가 이리저리 흩어져 물풀을 뜯어먹는 광경이 가히 장관이었다.

악어를 무서워 할 이유가 없는 코끼리들은 무릎까지 잠기는 강 언저리에 들어와 코로 한아름씩이나 되는 물풀을 둘둘감아 뽑아내었다. 그리고 등위에서 휘휘잡아 돌려 원심력으로 물기를 털어낸 다음 먹어치우는 것이었다.

모잠비크 해협으로 흘러 들어갈 드넓은 잠베지강가의 머나먼 지평선에서 점점이 수를 놓으며 일제히 물풀더미를 하늘에 대고 휘두르는 모습은 마치 한편의 살아있는 다큐멘터리 드라마를 보는것 같았다.

야트막한 사파리용 거룻배를 타고 수상사파리에 나서자 뱃전의 황토색 수면 위로 팔뚝만한 콧잔등에 왕방울 같은 살기어린 노란 눈알을 내 놓은 악어들이 우리를 노려보고 있었다.

아마도 녀석들 눈엔 우리가 탄 배가 맛있는 햄버거를 가득 채운 철가방 쯤으로 보였을게 분명했다.

놀란 가슴을 쓰다듬으며 하루종일 이어진 사파리를 무사히 마친 그날 밤, 남부 아프리카 5개국에 걸쳐 펼쳐졌던 지난 15일간의 여행일정을 마무리하는 송별연이 열렸다.

향토색 물씬한 아프리카식 초막에서 '바슐라르의 등불' 처럼 아른아른한 석유 남포등 불빛 아래 우리 일행은 보츠와나에서의 마지막 만찬을 즐겼다. 원주민 아가씨들이 연주하는 민속 악기의 은은한 선율이 어둠에 잠긴 문 밖의 정글과 어울려 잊을 수 없는 아름다운 추억을 더해주었다.

식사 도중 갑자기 땅이 우르릉거려 웬 일인가 하고 밖을 내다보니 어둠을 뚫고 바로 옆에서 야생 '누' 떼들이 먼지를 일으키며 질주한다.

그들이 일으킨 흙먼지 위에서 신비로운 푸른 빛을 띤 남십자성이 창백한 모습으로 남극의 추위에 떨고 있었다.

그날 밤, 송별연이 열렸던 초베의 재래장터와 진기한 향토음식, 그리고 잊지못할 올드랭사인의 긴 여운을 남긴 민속음악 모두가 석별의 아쉬움을 달래기에는 역부족이었다.

〈重隨筆〉

현대의학이 걸어온 길

1) 약물의 발견

　　동물들은 대부분 본능에 의하여 몸에 위해를 끼치는 먹이와 사물을 구별해 낸다.

그러나 이러한 본능이 결여된 인류에게 몸에 해로운 물질을 구별해야할 필요성은 먹을 것이나 안락한 거처만큼 소중한 것이었다.

인간이 언어로 의식을 소통하기 시작한 이래 어떠한 종류의 식품이나 물질이 생존에 필요하고 어떠한 것들이 생명에 위험을 주는지에 대한 지식을 서로 전달하고 전수하면서부터 독극물에 대한 체계가 확립되기 시작했다. 그리고 어떤 종류의 물질이 어떠한 병을 다스리는 데에도 유용하다는 사실을 알아내게 되었다.

이와 같이 인간과 동물의 가장 큰 차이는 인간이 음식물과 약물을 구별할 줄 알고 그 약물의 소중함을 깨우친 데 있다.

그러나 수많은 희생과 뼈아픈 경험을 통해 하나하나의 독 물질에 대한 지식이 축적되었다 해도 소량의 독 물질이 약이 될 수 있다는 사실을 깨우치는 데는 또다시 기나긴 세월과 끝없는 시행착오를 거쳐야 했다. 하지만 이렇게 얻어진 지식조차 실제로는 극소수를 제외하고 거의가 쓸모없는 것들이 많았다.

지구촌의 각기 다른 지역과 상이한 문명 하에 이러한 전철이 거듭되면서 인류의 역사와 약물학의 역사가 함께 궤적을 이어온 것이다.

'알도스 헉슬리' (1894~1963)는 "태초의 인간은 농부가 되기 이전에 이미 약물학자였다" 고 했으며 유명한 내과의사인 윌리엄 '오슬러' 경(1849~1919)은 "사람은 날 때부터 약물을 갈구하는 의식을 가지고 있으며 이것이야말로 사람이 짐승과 구별되는 가장 큰 차이점이다" 라고 지적하였다.

인류문명의 발상지인 메소포타미아의 중심인 바빌론에는 문자로 기록된 것 중 가장 오래된 질병치료의 기록이 남아있다. 그러나 인간이 약물을 사용하여 질병을 치료했다는 최초의 기록은 지금부터 약 4000년 전에 수메르 인이 점토판에 새겼던 약물처방전이다. 이 처방전에는 불특정 질환에 대한 열 가지 정도의 약물처방이 다루어져 있다.

이로 미루어 볼 때 기원전 2900년경의 이집트에서는 이미 초기의학이 자리 잡고 있었던 것으로 추측되고 있다.

2) 고대의학과 샤머니즘

고대의 약물가운데 확실한 효과를 지니면서도 가장 광범위하게 사용되었던 것 중 하나는 다름 아닌 술이다.
기원전 3000년경의 메소포타미아 고분에서 발견된 점토판에도 알콜에 대한 기록이 있다. 아마도 처음에는 과일이나, 곡물을 익혀서 만든 먹을거리를 깜박 잊어버리고 방치해두었다가 방향성 냄새를 풍기는 액체가 생긴 것을 발견하고 이를 우연히 마셔보면서부터 알콜에 대한 경험이나 지식이 축적되었던 것으로 믿어진다.
이처럼 인간은 문명이 시작되기 훨씬 이전부터 알콜을 제조하고 소비해 왔다. 즉 술이 가장 오래되고 잘 알려진 약물이었던 셈이다.
동양의학의 의(醫)자에도 술을 의미하는 주(酒)획이 들어간다. 이처럼 동서양을 막론하고 술은 가장 깊은 역사를 지닌 기초약물이었다. 술은 흥분제나 진정제로, 때로는 소독약으로, 수면제로, 그리고 대량투여에 의해 진통제나 마취제로도 활용되었다.
인간의 역사상 가장 중요하면서도 널리 알려진 약물학적 기록은 바로 기원전 1500년경의 '파피루스 에베르스' (Papyrus Ebers)이다.
여기에는 800여개의 약물처방이 기록되어 있는데 이들 처방에 사용된 개별 약물을 망라하면 무려 700여 종류에 달한다.
고대 이집트의 약물학적 기록을 살펴보면 약물을 취급하는 사람들은 '생명의 집' 이라 불리는 곳에서 일 했으며 주 제조 인으로 일컫는 책임약사 외에 약물채취인과 준비인 등으로 세분화된 직급이 있었던 것으로 알려져 있다. 이들은 고대사회에서 질병과 생명을 다스리는 계층으로써 일종의 신격화 에 비유될만한 경외와 숭배를 받았다.

기원전 2600년경으로 확인된 기록에 따르면 당시에 질병치료를 담당한 사람들은 승려이거나 의사 또는 약사였을 수도 있고 이 세 가지 직능을 모두 겸비한 사람일수도 있었다.

그러므로 이들이 확인된 기록에 의거한 역사상 최초의 샤먼(sharman)이다.

그 예로 석판에 새겨진 그 시대의 의학교과서에는 먼저 질병들의 증상을 적은 다음 처방전 및 조제방법과 신에게 보내는 치료효과에 대한 기원도 함께 기록해 놓았던 것이다.

이후 샤머니즘이 전문적으로 분화하면서 병을 치료하는 의료업자나 약제사와, 주술사이자 종교인격인 샤먼들의 역할도 점차 분리되어 갔다.

그러면서 샤먼들이 주술에 사용하는 신성한 물건들, 특히 술과 같은 약물과 주로 음식물로 차려진 제물들과의 차이점이 점차 모호해진 것이다.

반면 의료업자나 약제사들은 공통된 경험을 바탕으로 축적된 지식을 기록하고 직업적으로 계승시킴으로써 의학과 약학을 점진적으로 발전시키는 토대를 이룩했다.

3) '히포크라테스' 와 '디오스코리데스'

문자에 의해 모든 지식이 전수되고 문화와 생활수준이 향상됨에 따라 한층 과학적이고도 구체적인 의술의 진보와 효과적인 약물처방들이 점차 늘어나기 시작했는데 그 중 한 가지가 기원전 400년경의 의성 '히포크라테스' 의 공헌이었다.

고대 그리스 페리클레스 시대의 의사인 그는 히포크라테스 학파를 만들어 고대 그리스의학을 미술과 철학으로부터 분리, 의사라는 직업을 만들었다.

'히포크라테스' 는 철학적으로 의술에 대한 많은 교훈을 남겼을 뿐 아니라 실제로 처방에 필요한 약물의 종류를 260여 가지로 분류하여 기록했다. 그러나 현재의 관점에서 보았을 때 대부분의 약물에 대한 효능이 의심쩍다 하더라도 오늘날까지 유용하게 활용되는 것들이 있다는 것은 매우 경이로운 일이다.

그 중에는 강심제로 이용되는 해총(디기탈리스 보다는 약효가 다소 떨어지지만 디기탈리스의 강심작용이 발견되기 전까지 강심제로 많이 쓰였음)과 진통제로 사용했던 버드나무 껍질 등이 포함된다.

히포크라테스는 열이 나거나 통증이 심한사람, 분만에 따르는 산통 등에 버드나무 껍질에서 추출한 즙을 처방했으며 이 즙의 활성성분이 오늘날 인류가 발견한 3대 약물의 하나인 아스피린의 주성분인

'살리실산' 이었던 것이다. 이 '살리실산' 이란 명칭은 버드나무의 라틴어 이름인 'Salix' 에서 유래했다.

그 후 서기 1세기경에는 그리스 출신의 로마 군의관 '디오스코리데스' (Dioscorides)가 통증이나 류마티스 관절염에 버드나무의 껍질을 달인 따뜻한 습포를 사용했고 그 잎에도 유효한 성분이 들어 있음을 알렸다.

당시까지 그리스인이나 로마인이 수집해 왔던 약물 지식은 약학의 아버지로 불리는 '디오스코리데스' 의 불굴의 노력과 빛나는 업적을 통해 중세기의 아라비아로 전수되었다.

그는 스페인에서 소아시아에 이르기까지 광대한 로마제국을 도보로 걸어 다니며 약물로 쓸 수 있는 식물과 기타 물질들을 조사하고 기록했다.

특히 수은화합물의 일종인 진사에서 수은을 분리하고 아세트산연을 만드는 금속성 약제의 제법과 이에 대한 응용의 기록은 특기할 만한 것이다.

그가 탐구한 결과를 정리하여 출판한 "데 마테리아 메디카"(De Materia Medica; 약학의 원전인 『약물지』)는 5권으로 구성된 약물 및 처방의 텍스트로써 600여 종의 생약을 기록하고 있으며 그 뒤 1천 5백년이란 오랜 세월동안 기본적인 약물 교과서로 사용되었다.

현재 우리나라 약학대학생들은 앞으로 약사로써 살아갈 것을 다짐하는 의미로 의사들이 '히포크라테스 선서' 를 하듯 '디오스코리데스 선서' 를 한다.

4) '갈렌'과 아라비안나이트

이 시대에 있었던 또 한사람의 의약품 조제의 선구자는 '갈렌' 이었다.

'갈렌' 은 의학과 약학, 양쪽에서 모두 이름이 잘 알려진 학자이다. 특히 약학 쪽에서는 'Galenical preparation' 이라고 하면 조제의 대명사로 불릴 만큼 유명하다.

오늘날 콜드크림이라고 일컫는 화장품도 '갈렌' 이 처음 만든 것이다. '갈렌' 은 서기 130년에 태어나서 200년에 죽을 때까지 로마에서 약학과 의학을 가르쳤는데 그의 가르침은 서양에서 여러 가지 의약품을 섞어 조제하는 지침이 되었다. 그리고 중세에 이르러 의학을 공부하는 사람들의 기본 교재로 무려 1500년이나 사용되어 왔다.

'갈렌' 은 당시에 이미 의약품 상호 배합시의 배합금기와 주의사항을 간파하고 이를 후학들에게 자료로 남겼던 것이다.

당시의 그리스와 로마의 목욕탕 문화와 이에 따른 상수도, 하수도의 발달은 양호한 위생환경을 제공하여 공중위생이 잘 유지될 수 있는 여건을 마련했다.

로마의 대중목욕탕은 초대 황제인 '아우구스투스' 에 의해 처음 지어졌는데 제정 말기에 이르러서는 모두 8백 50여개의 대중목욕탕이 자리를 잡을 정도로 번성했다.

그 중에서도 '카라칼라', '아그리파', '네로'의 대중목욕탕은 놀랄 만큼 크고 호화로웠다. '카라칼라' 목욕탕은 부지만 12만 4천4백 평방미터에 광대한 욕실과 도서실, 경기장, 상가 등을 골고루 갖추고 있었다.

305년 '디오클레티아누스' 황제는 한꺼번에 3천명이 목욕할 수 있는 공중목욕탕을 지었는데 이를 유지하고 특히 물을 안정되게 공급하는 일이 중요해져 로마에서는 일찍부터 상수도가 크게 발달했다. 그리고 화장실도 수세식으로 설치하고 하수도가 잘 정비되어 공중위생 환경이 양호하게 유지된다.

그러다 로마제국의 몰락 후에 중세에 이르면서 위생환경이 급속히 악화되어 페스트나 매독 등 갖은 역병이 창궐하는 비극이 싹트게 된 것이다.

그리스나 로마의 의학적 지식이나 약물사용 방법을 이어받은 아라비아의 연금술사들은 그 기술을 사용하여 과학으로써의 근대적 약리학을 발전시키기 시작했다.

기원 후 8세기에서부터 13세기에 이르는 아라비아 약물의 황금시대에 이들 연금술사들은 추출, 증류, 발효 등의 방법을 이용하여 농후하고 순수한 여러 그룹의 약물들을 만들어 냈다.

그리하여 이라크의 바그다드는 의학과 약학의 중심지가 된 것이다. '아라비안나이트'에 나오는 문구를 유심히 살펴보면 바그다드 거리의 이름 없는 조그만 약국에서 조차 비싼 그릇, 향유, 연고, 분말약, 수정그릇에 든 시럽, 300종이나 되는 진기한 향료로 만들어진 포마드 등 풍부한 재고가 있었다고 기술되어 있는데 이것만 보아도 당시의 번영 상을 미루어 짐작할 수 있다.
이렇게 아라비아인들은 효과가 있는 새로운 약품을 많이 만들었으나 한편으로는 쓸모없는 약물들도 많았다.
당대의 위대한 의사이자 이후 수백 년 동안이나 의학교과서로 사용된 의학전범(醫學典範) '카논(Canon)'을 저술한 '아비켄나' 조차도 겉에 금이나 은을 입혀 보기에만 아름답고 치료효과가 전혀 없는 환약을 처방하거나 피부병 치료에 수은연고를 사용하곤 했다.
하지만 2000가지 이상의 약물을 망라한 아라비아의 처방 교과서는 후세의 유럽 의사들에게 지대한 영향을 미치고 의학의 점진적인 발전에 공헌했다.

5) 세계최초의 의약분업 시행

중세 후기에 이르러 아라비아의 수많은 약물들이 유럽으로 전해지자 약물을 조합시켜 조제하는 것이 전문인 약제사가 하나의 직업으로 등장했다.
그리고 11세기에 이르러서는 유럽 여러 나라에 약국들이 생기기 시작했고 순수한 의료행위를 업으로 삼는 의사와 약물취급자의 구별이 점차 필요하게 되었다.

실제로 약물취급자가 의사로부터 법적으로 분리된 것은 1240년에 이르러서야 비로소 가능해졌다.
즉 독일의 황제였고 동시에 시실리 왕을 겸하던 '프레드릭 2세' 는 '팔레모' 에서 칙령을 반포, 약물취급자들의 업무에서 의사의 역할을 분리하고 의사들의 임무를 '처방' 으로만 제한하도록 조치한 후 이를 시실리와 이탈리아의 남부 지역에서부터 법적으로 시행하였다.
이후 14세기에 접어들면서 약물가게가 더욱 큰 점포로 발전하여 유럽의 각 도시에서 약물거래의 중심으로 자리 잡았다. 의사는 약국에서 환자를 진찰하고 환자는 그곳에서 의사의 처방에 따라 약제사가 조제한 약물을 공급받을 수 있었다.
그러나 약제사가 직접 약물을 처방하는 경우도 간혹 있었던 것 같다. 당시의 의사는 오늘날과 마찬가지로 처방전을 라틴어로 썼는데, 처방되는 약물 가운데는 "렘노스 섬의 거룩한 흙으로 만든 두장 모양의 덩어리" "떨림을 멈추는 사람의 혈청" "백지와 작약꽃의 침출액에 사람의 피를 섞어 증류시킨 액체" 와 같은 터무니없는 것들도 많았다.

6) 종교와 의학

이러한 의학적 오류들이 개선되는 계기를 마련한 것은 다름 아닌 종교였다.

"병든 자를 고치며 문둥이를 낫게 하고 죽은 자를 살리며 귀신을 쫓아내라" 예수가 제자에게 전한 이 가르침은 육체와 영혼을 구제한다는 구심점으로써의 종교의 역할을 내세운 것으로 중세에서부터 현대에 이르기까지 사회적 의료체계에 큰 영향을 미쳐왔다.

기원 후 600년경에 수도원은 이미 의학지식의 본산이 되어 있었으며 수도승은 그리스나 로마의 교본에서 얻은 약물학적 지식을 바탕으로 박하, 회향, 겨자 등의 약초로부터 약물을 만들어 질병의 치료를 도모하고자 했다.

그리고 14세기까지는 큰 수도원에는 의사와 약제사를 고용하여 일종의 부속병원 형태를 갖추게 되었으며 소화기나 호흡기 질병에 잘 듣는 '베네딕틴' 같은 증류약품을 맨 처음 만든 사람들도 이들 수도원의 약제사들이었다.

이러한 전통은 오늘날까지 계승되어 교회에 관계된 병원, 의료봉사에 앞장서는 선교사, 간호사 역할을 하는 수녀 등 현대에도 종교와 의료는 밀접한 관계에 있게 되었다. 당시의 권위 있는 의사의 일부는 육체에 대한 처방과 마찬가지로 정신에 대한 처방도 쓸 수 있는 교회의 사제였다.

그리고 이 신앙을 반영하여 정신질환을 치료하기 위한 약물을 만드는 약제사로써의 예수의 초상이 1800년대까지도 유럽의 많은 약국에 약을 많이 팔기위한 선전용 문양으로 내 걸렸다

7) 중세의 역병과 의학적 암흑기

지금부터 670년 전인 14세기 중엽, 유럽에서는 전염병으로 인한 전대미문의 대 재앙을 맞게 된다.

중세에 이르러 로마시대에 전성기를 구가한 목욕탕 문화가 점차 퇴보하는데 그 이유는 대도시 부근의 연료용 나무가 고갈되어 온수를 사용하기 어렵게 된 것도 한 몫 했다.

몸을 씻기 어렵게 되자 몸의 불결함을 감추기 위해 화장을 하고 향수를 사용함으로써 이를 은폐하고자 했다. 이 후로 유럽 각국에서 향수가 유행하게 된 것은 오로지 목욕문화의 퇴보 덕택이었다.

공중위생이 나빠지면서 각종 피부병이나 페스트, 매독 등 역병이 창궐하기 좋은 환경적 여건이 형성되어 갔다.

1347년부터 시작된 페스트의 맹위로 이후 6년간에 걸쳐 당시 유럽 인구의 사분의 일인 이천 오백만 명이 사망했다. 계절을 가리지 않고 길거리마다 시체가 켜켜이 쌓이고 공포에 질린 사람들은 술에 취한 채 자기가 지은 죄를 회개함으로써 신의 저주로부터 벗어나고자 했다.

역병이 유행하던 당시 '장 드 베네트' 를 비롯한 당대의 편년 사가들은 "그 해와 이듬해 파리를 비롯한 프랑스 전역은 물론 다른 나라에서도 수많은 사람들이 떼죽음을 당했다. 남녀를 불문하고 술한 사람들이 죽음을 맞이했다. 노인보다는 젊은이들의 희생이 더욱 컸다. 얼마나 많은 사람들이 죽어 가는지 알 수조차 없었다. 우리가 할 수 있는 일이라고는 시체를 매장하는 일밖에 없었다."라고 기술했다.

밤낮으로 기도하고 울부짖으며 참회의 뜻으로 자신의 몸에 상처를 내기도 했지만 이런 방법으로 병마의 마수로부터 피해 갈 수는 없었다.

제철을 만난 쥐떼는 극성을 부리고 일가족뿐만 아니라 한 마을이 모조리 전멸하여 황폐화된 도시가 즐비했지만 당시의 의학은 페스트의 원인과 매개체, 치료법 등을 전혀 알지 못했으므로 인간을 참변으로부터 구해낼 방법이 없었던 것이다.

의학교에서조차 점성술을 진단법으로 가르치고 페스트에 걸린 사람들은 "아브라카다브라"라고 쓰인 멋진 카드를 목에 걸고 병마가 물러가기를 기대했으나 덧없이 무수한 희생을 감수해야만 했다. 이 후로도 역병이 계속되면서 해가 갈수록 자연히 유럽의 인구가 줄어들고 노동력도 부족해졌다.

매년 계속되는 전염병이 결코 예사로운 것이 아님을 간파한 당시 사람들은 저마다 병에 대한 증상과 진행과정에 관해 상세한 기록을 남긴다. 이들의 기록은 훗날 전염병의 특성과 분포, 그리고 진행과정을 파악할 수 있는 매우 중요한 근거자료가 됐다.

기록에 의하면 전염성 질환의 지역적 분포와 유행 정도뿐만 아니라 역병에 후속되어 일어나던 대규모 불황이나 이의 지속기간도 전염병의 만연과 그 정도에 일치해 나타난다.
이에 따라 스페인이나 포르투갈 등 이베리아 반도의 역병상황은 프랑스 등 내륙보다는 훨씬 나았다는 것을 알 수 있다.
그 결과, 이베리아반도 국가들은 8세기에서부터 15세기에 걸쳐 무슬림이 지배하던 스페인 영토를 되찾기 위해 벌여온 국토회복운동(레콘스티카)을 완수하고 신대륙 발견과 신항로 개척에 의해 이 후의 황금기를 구가할 수 있는 원동력이 생겼다.
즉 유럽대륙 내부의 다른 국가들에 비해 국력이 잘 유지되던 이들 국가들은 자연히 각종 전염병이 만연하던 내륙보다는 바다건너 새로운 세계에 관심을 갖게 되었고 이에 따라 콜롬부스의 신대륙 발견과 마젤란의 세계일주 등 인류사의 위업이 차례로 달성되었던 것이다.
이처럼 수십 년에 걸친 전염병의 악몽을 겪고 나자 종교적인 억압과 구속에서 벗어난, 이성적이고도 과학적인 사고의 필요성이 대두되었으며 이에 따른 의식의 전환이 오늘날의 의학적 르네상스를 이룩하는 사고의 기틀을 마련해 주었다.

8) 근대적 의학의 여명기

드디어 근대의학의 여명기가 진취적인이탈리아 볼로냐의 한 의학교에서부터 열리기 시작했다.

당시의 사회적 수준에 비추어 상당히 자유로운 연구가 허용되었던 볼로냐 의학교에서는 교수도, 학생도 전염병에 무력했던 당시의 실상을 절감하고 이를 극복할 수 있는 새로운 사고를 받아들일 준비가 되어 있었다.

동시에 병을 다스릴 수 있다는 근거 없는 미신이나 종교적, 주술적 요법에 도전하려는 과학적 의욕에 불타고 있었다.

그들은 종교적 구속을 피해 비밀리에 시체를 해부하고 체계적인 의학의 기초를 마련하면서 고대로부터 내려온 외과학이나 약물학 등 의료활동에 필요한 지식들을 다시 정리하고 체계적으로 검증함으로써 오늘날의 과학적인 의학으로의 발전을 가능케 하는 토대를 쌓아나갔다.

그 시절 의학적 학구열이 얼마나 대단했던지 영국의 에든버러 의학교에서는 시체를 비밀리에 구입하여 해부실습용으로 사용하곤 했는데 빈민들이 살아있는 사람을 살해한 후 실습용으로 판매하는 사례까지 있었다고 한다.

당시 이탈리아의 볼로냐 의학교 교수였던 성형외과 의사 '탈리아코치' 는 환자자신의 신체조직을 완전히 떼어내지 않고 이용하는 생체 성형수술기법으로 '튜브드 그라프트' 를 창안하였다.

또한 근대해부학의 기초를 이룩한 '베살리우스' 는 약관 28세 때인 1543년에 이후로 해부학 교과서의 전범이 된 '인체해부학' 을 출판했다.

그리고 1600년경에는 영국의 의사 '하베이' 가 혈액의 체내순환 설을 제창하고 신체 각 부위의 생리적 작용이 해부학적 구조에 의해 좌우된다는 의학적 기본공리를 확립했다.

9) 과학적 경험과 지식의 축적

17세기가 시작되면서부터 과학적 사고와 실험정신의 결과 새로운 지식과 기술들이 쏟아져 나왔다.

화학, 기계, 식물학, 비교해부학, 기술해부학, 실험생리학, 역학 및 망원경과 현미경의 발명 등 다방면에서 이후 약 200년에 걸친 눈부신 발전이 이루어졌다.

이렇게 새로운 지식들이 밀려들자 의사를 비롯한 과학자들은 모든 생각이 이성적이어야 하고 어떤 법칙과 원리에 의하여 이론적 토대를 이루고 난 연후에 이를 실용화하고 현실에 응용하는 과정을 자연스럽게 받아들였다. 그러기 위해서는 그때까지 축적되었던 수많은 지식들을 정리하고 체계화 시켜야 했고 그러자니 기나긴 세월이 소요될 수밖에 없었다.

17세기에 들어서면서 유럽의 약국들에서는 미세하나마 과학의 입김이 느껴지기 시작했다. 당시에는 아직 고대로부터 사용되어온 약초를 그대로 쓰고 있었지만 신통치 않은 약물의 일부는 식물의 증류엑스나 무기물질로 대체되어 가고 있었다.

잘 정비된 당시의 약국에는 전통적인 유발이나 유봉 뿐 아니라 증류기나 냉각기 같은 장치까지 갖추어져 있었다. 약국은 또 인이나 불소를 맨 처음 발견한 화학실험실의 역할을 했다.

런던의 '워쉬풀' 협회처럼 권위 있고 강력한 약제사 길드의 엄격한 통제 하에 약제사들은 인삼엑스와 같은 식물의 순수한 추출물인 '갈레누스' 제제뿐만 아니라 탄산암모늄과 암모니아수를 화합하여 각성제 같은 화학약품도 제조할 수 있는 전문가가 되어 있었다.

10) 키니네와 디기탈리스의 발견

당시 개발된 약물 중 가장 뛰어난 것 중의 하나는 키나의 껍질이다.

키나는 토근과 마찬가지로 17세기에 남미에서 유럽으로 도입된 것인데 남미로 이주한 사람들이 키나의 껍질이 말라리아가 일으키는 고열증상에 주효 하다는 것을 알고는 대량으로 유럽에 수출했다.

오늘날 말라리아의 특효약인 키니네가 이 키나의 껍질로부터 화학적으로 분리된 것은 그로부터 200년이 지난 19세기에 들어서야 비로소 가능해졌지만 버드나무 껍질과 마찬가지로 인류 역사상 가장 위대한 치료제의 발견이 이때 이루어졌던 것이다.

그리고 비슷한 시기에 달성된 또 하나의 빛나는 약물학적 업적은 바로 '디기탈리스' 의 발견이다.

1775년에 '윌리엄 위더링' 이라는 영국의 의사가 심장병 약으로써가 아니라 부종제거 목적으로 사용되고 있는 약에 대해서 각별한 관심을 가지게 되었다. 시롭셔에 살고 있던 어떤 노부인이 의사도 고치지 못하는 부종 증을 몇 번이나 어떤 약물로 치료해 주었는데 그 할머니는 이 처방을 자기만의 비밀로 간직해 왔다. 의사가 관심을 쏟은 노부인의 처방은 당시의 다른 처방과 마찬가지로 20여종 이상의 성분을 섞은 것이었다.

그러나 '위더링' 은 식물에 대한 지식을 갖춘 의사였으므로 그 성분 중의 대부분은 쓸모없는 것에 지나지 않는다는 사실을 알고 그중 단 하나의 성분에 초점을 기울였다.

즉 초여름 이곳저곳에 귀여운 보랏빛 꽃을 피우는 '디기탈리스' 잎에 부종 증에 효과가 있는 약효의 비밀이 숨겨져 있지 않나 하고 생각을 했던 것이다. 그래서 그는 '디기탈리스' 잎으로 만든 차를 부종환자에게 먹이기 시작했다. 그러자 그 차를 마신 환자들은 오줌의 양이 눈에 띄게 증가하고 부기도 차츰 가라앉았다.

'위더링' 은 그 약물에 대해 10년간이나 연구를 더 계속했다. 그는 '디기탈리스' 의 잎을 성장과정의 일정한 시기에 채취함으로써 일정한 약효를 가진 '엑기스' 를 추출할 수 있다는 사실을 발견하고 또한 효과적인 투여량도 경험적으로 산출해 냈다.

1785년에 그는 자기의 연구결과를 집약한 한 권의 책을 출판했다. "디기탈리스와 그 의학적 이용에 대하여" 라고 명명된 이 책은 고난에 찬 의학연구의 고전으로써 인류의 역사에 영원히 기록되었다.

그러나 신장에 작용하여 효과를 나타낼 것이라는 연구 결과는 진실과 다른 것이었다.

1930년대에 이르러서야 '디기탈리스' 가 신장에 작용하는 게 아니라 직접 심근의 근육에 영향을 준다는 것이 증명된다.
즉 심근의 힘찬 수축에 의해 효율적인 혈액순환이 일어나고 이것이 신장에서의 여과기능을 촉진함으로써 이뇨효과를 나타낸다는 것이 밝혀졌다. 오십년이 흐르고서야 '디기탈리스' 의 위상이 이뇨제에서 강심제로 재정립된 것이다.

11) 미생물의 발견

17세기 초 갈릴레오 갈릴레이에 의하여 최초의 현미경이 고안되고 안경사 '한스 얀센' 과 그의 아들 '자카리랴스 얀센' 에 의하여 복식현미경이 발명될 때까지 세균은 전혀 인류의 눈에 띄지 않았으므로 그 존재조차 알려져 있지 않았다.
그리고 현미경을 통하여 그 존재가 발견된 후 200년이 지나도록 세균과 질병과의 관계가 명확히 규명되지 못했다.
한편 1800년 초에 영국의 '제너 '는 우두에 걸렸던 소의 젖을 짜는 여자들이 마마에 걸리지 않는다는 예로부터 전래된 사실에 착안하여 종두법을 개발함으로써 면역학의 기초를 이룩했다.
이 종두법의 중요성을 인식한 영국정부에서는 이미 1853년에 영국의 모든 어린이들에게 강제적으로 우두를 접종하도록 법적으로 규

정하였다. 그러다가 미생물학의 아버지라 불리는 '파스퇴에르' 는 프랑스산 포도주나 맥주가 변패하여 질이 나빠지는 것을 막기 위한 연구를 하던 중 그러한 변패의 원인이 잡균의 혼입으로 유발된다는 사실을 밝혀냈다.

그는 이에 바탕을 두고 1864년에 사람이나 동물의 질병 중 특정한 질환은 세균의 침입에 의한 것이라고 발표하였다. 뒤이어 독일의 '코흐' 는 탄저병의 병원균을 발견하고 다른 전염병에도 각각의 특이한 병원균이 존재함을 밝혀냈다.

12) 소독법의 창시와 X-선의 개발

1867년에 영국의 외과의사 '리스터' 는 화농이나 염증을 일으키는 세균의 침입을 방지하기 위한 방법으로 페놀을 수술도구와 수술부위 및 수술실의 공기 중으로 분무 소독함으로써 상처부위의 감염방지에 놀랄만한 결과를 얻었다.

즉 감염에 의한 수술 후 합병증이나 출산 후 산욕열의 발생 율이 놀랄 만큼 줄어들었던 것이다. 이러한 경험을 바탕으로 그는 이후에 전 세계의 모든 의사들이 크고 작은 수술을 할 때 반드시 지켜야할 기본원칙이 된 '살균 수술법' 을 창시하였다.

또한 독일의 물리학자 '뢴트겐' 은 1895년에 광선이 아니면서도 감광판을 감광시키면서 투과성이 큰 그 무엇, 즉 방사선의 존재를 확인하고 이를 ' X-선' 이라 명명하였다.
그는 검은 종이로 완전히 싼 '크룩스 관' 으로 음극선 실험을 하다가 근처에 있던 시안화 백금을 칠한 널빤지가 형광을 발하는 사실을 관찰하고 그 원인이 방전관에서 방출되는 'X-선' 에 있음을 밝혀냈던 것이다.
이로 인해 인간은 물체의 내부를 열어보지 않고도 눈으로 볼 수 있게 되었으며 그 동안 '말로 묻고 손으로 만져보고 눈으로 보는 것' 이 전부였던 의학적 진찰과정에서 '인체내부의 직접적인 관찰' 이라는 혁신적인 진단방법을 가능하게 하였다. 그는 이 업적에 의하여 1901년, 세계 최초의 노벨물리학상 수상자로 선정되었다.

13) 화학요법제의 탄생

19세기 종반이 되도록 인간은 인체 내에 침입하여 질병을 일으킨 병원균을 사멸시킬 수 있는 약물은 겨우 두 가지밖에 갖지 못했다.
그것은 말라리아 병원충에 대한 '키니네' 와 아메바성 이질에 대한 '토근' 으로써 두 가지 모두 식물에서 얻은 것들이었다.
그나마 작용기전은 알지 못하고 다만 증상에 대한 대증요법으로 사용되었을 뿐이다.
1910년에 이르러서야 세균에 대항할 수 있는 인류의 세 번째 약물이 개발되었는데 이것이 바로 '살바르산' 이다. 당시 독일의 화학자

'파울 에를리히' 는 매독치료약 '아르스페나민' 을 합성하였는데, 606번째 실험에서 제조에 성공하였으므로 '살바르산' 또는 '606호' 라 이름 붙였다.

이렇게 최초의 화학요법제가 생산된 이후에도 수많은 감염성 질환을 일으키는 간단한 미생물에 대한 효과적인 공격무기, 즉 항생물질이 개발되기까지는 4반세기를 더 기다려야 했다.

하지만 이토록 항생물질의 발견이 늦어진 것은 귀중한 연구결과를 간과해서 사장시킨 아쉬움이 많이 남아있다.

이미 1917년에 어떤 연구자는 '설폰아마이드' 라고 불리는 화합물이 세균을 사멸시킨다는 사실을 알고 있었다. 다만 아쉽게도 후속 연구가 이루어지지 않았을 뿐이다.

그 후 독일의 화학회사 I. G. 파르젠의 '게르하르트 도마크' 는 1935년에 특허를 얻은 '프론토실' 이라는 빨간 색소로 쥐의 연쇄구균 감염증을 고칠 수 있다고 보고했다.

그리고 실제로 연쇄구균의 감염에 의한 패혈증으로 빈사상태에 있던 어린이에게 '프론토실' 을 투여한 결과 그 생명을 거뜬히 구할 수 있었다.

'도마크' 의 발견에 이어 화학요법제의 연구는 본궤도에 올라 '프론토실' 의 치료 효과는 그 자체의 약효가 아니라 체내에서 분해될 때 생성되는 산물, 즉 '설포닐 아마이드' 에 의한 효과임이 규명되었다.

그 후로 화학요법제에 대한 연구 발전도 눈부시게 이루어져 약 6000종의 설파제가 만들어 졌으나 그중 유효성이 공인된 약 30종만이 오늘날까지도 중요한 항균 약으로 인정받고 있다.

14) 항생물질의 발견

1928년에는 영국의 세균학자 '알렉산더 플레밍'의 병원 연구실에서 배양접시가 우연하게도 '페니실륨' 속의 곰팡이에 오염되었다.

'플레밍'은 오염된 부위의 세균이 사멸해있는 것을 발견하고 세균을 사멸시킨 화학물질에 '페니실린'이란 이름을 붙였다.

그는 '페니실린'이 세균에 의해 발생되는 질병과의 싸움에 매우 유용하리라고 예언했지만 유효물질의 추출이 어려움에 봉착하자 다른 연구에 몰두하고 말았다.

그리고 귀중한 12년이란 세월을 허송한 후에야 옥스퍼드 대학의 '그루퍼'에 의하여 꼭 5인분의 미 정제 '페니실린'이 생산되었고 인류는 드디어 그 충격적인 약효를 경험하게 되었다.

그 후 3년이 지나 곰팡이가 핀 멜론에서 생산량이 많은 푸른곰팡이를 발견하고 생화학 분야에 손을 대던 개혁적인 제약회사들에 의하여 거대한 발효 조를 통한 대량생산의 길로 접어들었다.

거의 비슷한 시기에 토양미생물 전문가 '왁스먼'은 결핵균이 흙 속에서 급속히 사멸한다는 사실에 관심을 가지고 흙 속의 미생물을 배양하여 항 결핵균 작용이 있는 물질을 찾기 시작했다.

1939년부터 시작한 이 연구는 1만종 이상의 토양 내 세균을 배양하면서 5년이란 세월동안 천신만고를 거듭한 끝에 마침내 '스트렙토마이세스' 속의 균으로부터 '스트렙토마이신'을 추출해 냈다. 이 '스트렙토마이신'으로 인해 인류는 유사 이래 숙명처럼 받아들여야했던 역병인 결핵으로부터 자유로워질 수 있는 서광을 얻었다.
그리고 '스트렙토마이세스' 속의 균주를 이용하여 '테트라사이클린' 류를 비롯한 다양하고도 새로운 항생제들이 탄생되었으며 그중 특히 '테트라사이클린' 류는 최초의 광범위 항생물질로 규정되었다. 현대에 이르러서는 더욱 광범위한 스펙트럼을 갖추고 내성균에 효과적인 항균물질들이 속속 개발되어 감염증의 치료에 공헌하고 있는 것이다.

15) 현대의학의 정립

근대에 이르러 그 동안 전통적인 약물로 전래되던 수많은 물질들의 효과가 체계적으로 검증되기 시작했다.
미국의 약물 표준서인 '유나이티드스테이트 디스펜서토리' 1937년 판에는 3090품목의 약물이 수록되어 있었으나 1970년 판에는 그중 2470품목이 무가치한 것으로 확인되어 삭제되었다.
이러한 사실만 보아도 금세기에 이르기까지 종류에 따라 수천 년씩이나 사용되어온 전통 약물에 대한 편견이 얼마나 과학적이고 개혁적으로 정립되는지 확인할 수 있다.

그리고 그 사이에 약효가 증명되고 성분이 검증된 800여 종류의 약물이 새로 편입되었다. 새로운 약물의 발견과 그 효과의 검증은 간단한 일이 아니다.

한 예로 어떤 제약회사는 40년 동안이나 지구 곳곳을 샅샅이 뒤지면서 4만 여종의 물질들을 채취하고 그 화합물들을 분석하였지만 그 중 겨우 55가지의 물질들만이 최소한의 가치가 있는 것으로 확인되었다. 그들은 이 작업을 '1억 6천만 달러짜리 실패' 라고 일컫는다.

이제는 거의 모든 약물의 화학적 구조가 분석되고 작용기전도 규명되었을 뿐 아니라 공업적 합성을 통한 대량생산이 가능해졌다.

그리고 화학적 구성성분인 주기에 다양한 라디칼들을 부여하여 일정한 항생제에 내성을 획득한 내성균에도 효과적으로 대항할 수 있는 차세대의 신약들이 속속 개발되고 있다.

이에 따라 감염증의 대부분을 약물로 치료할 수 있고 약이 듣지 않는 특정질환 역시 백신을 통하여 예방할 수 있다. 불과 삼십 여 년 전까지만 해도 맹위를 떨쳤던 인류의 천형 천연두는 이와 같은 백신의 범세계적 사용으로 이제는 완전히 지상에서 사라졌다.

또한 정신질환이나 종양, 그리고 심장이나 혈관장애의 원인이 되는 변성질환에 대해서도 약물이 유효하게 작용하여 증상을 경감시키고 환자의 생명을 연장시킬 수 있다.

최근에는 난치병의 하나였던 후천성면역결핍증에 복합요법을 이용한 효과적인 치료제가 생산되었고 변종이 쉽게 일어나는 이 질환의 예방백신 개발에도 진척이 이루어지고 있다.

지난 1954년 미국 보스턴에서는 최초의 신장이식수술이 일란성 쌍생아인 수여자와 공여자에게 성공적으로 시술됨으로써 인간의 장기이식의 미래에 서광이 비쳤다.
이것이 최초의 신장이식 수술이자 처음으로 시행된 살아있는 사람으로부터의 장기 적출에 의한 이식 수술이었다. 그리고 뇌사자의 기증에 의하여 1967년에 세계최초의 간 이식수술이 이루어 졌다.
이후 1988년, 호주에서 살아있는 사람의 간 중 일부를 절제하여 이식하는 생체부분 간 이식이 처음으로 시행되었다.
1967년 12월 3일에는 '크리스천 버나드' 박사에 의해 인류최초의 심장이식수술이 남아프리카 공화국 케이프타운 의과대학 병원에서 9시간에 걸쳐 성공적으로 실시된다. 여기에는 무려 30명의 의료진이 참여하였고 장시간의 혈액순환을 유지해야 하는 고난도 인공장기 이식분야의 신기원을 마련했다.
현대의학은 수술분야에서 영하 약 200도의 동결수술법으로 뇌 속 깊이 파묻혀있는 종양을 순간적으로 얼려 통증이나 출혈 없이 제거할 수 있다.
레이저를 이용한 수술은 찰라 적인 고온을 발생시켜 병든 조직을 마취하지 않고도 무통 하에 태워서 없앤다.
과거에는 수술이 어려웠던 심장질환이나 뇌혈관질환의 치료에 '카

데터 '를 사용하여 원거리에서도 형상기억합금 튜브의 삽관 등 매우 정교한 치료가 가능해짐으로써 이의 적응증이 되는 환자들은 무서운 대수술의 공포로부터 해방되었다.

비록 의사가 수술실에서 멀리 떨어진 곳에 있더라도 응급상태의 환자를 원격영상장치로 진단하고 수술용 로봇을 조종하여 긴급한 수술을 시행할 수 있는 'Robosurgeon' 도 개발되었다.

뿐만 아니다. 눈이 안 보이는 사람의 머리뼈에 구멍을 뚫고 '임플란트' 를 끼운 다음 이를 통해 시각을 감지하는 뇌의 부분(시상)과 전극을 연결시킨 후 초소형 비디오카메라를 장착시켜 세상을 볼 수 있도록 한다.

이보다 증상이 약한 약시환자들은 일련의 초소형 세라믹감지기들을 안구내측의 망막에 이식함으로써 시력을 보강시킬 수도 있다.

귀머거리의 경우도 장님과 마찬가지로 외부의 마이크와 연결된 초소형컴퓨터로 음파를 감지한 후 이를 언어처리프로그램을 이용하여 디지털코드로 전환하고 전환된 데이터를 청각신경에 전송하는 장치를 사용하면 소리를 듣는 것이 가능해 졌다.

동시에 방사성동위원소를 이용하여 문제를 일으킨 조직만을 선택적으로 파괴하는 종양치료법, 필요한 부위를 찾아가 병의 원인이 되는 부위만을 골라 공격하는 알약, 깨알만한 무선카메라가 달리고 전자 칩이 내장된 먹는 진단용 캡슐, 인공관절, 화상환자의 생명과 외모를 보호해줄 인공피부 등 수많은 분야에서 의학기술의 진보가 날이 다르게 이루어지고 있다.

16) 미래의 의학적 과제

그러나 발달된 의료기술과 약물의 남용은 이에 저항성이 있는 균주를 양산하고 인체의 면역력을 약화시켜 신종 감염성 질환을 초래할 뿐만 아니라 발현기간이 다양하고 복잡한 각종 부작용으로 인한 위해를 나타내기도 한다.

연구가 거듭될수록 약물의 다양한 지연성부작용이 새로 발견되곤 하는 것이다.

또한 수많은 약물들의 효과는 약물의 혈중농도가 유지될 동안에만 한시적으로 작용될 뿐 질환의 근본적인 치료를 도모하기 위한 목적으로서는 한계점이 많다.

현재 우리나라의 사망률 제 1위는 순환기계의 질환이고 두 번째는 암이다. 의학과 기술문명이 발달할수록 순환기계 질환이나 암, 류마티즘 같은 난치성 자가 면역질환이 증가하여 현대의학의 한계를 통감하게 하고 있는 것이다.

각종 암, 고혈압, 당뇨병, 아테롬성 동맥경화증, 뇌 및 심혈관계 질환, 치매, 루프스, 에볼라나 신종 플루, 메르스와 같은 새로운 바이러스질환, 그리고 불치의 희귀병 등 현대의학으로 완치가 어렵고 단지 증상을 호전시키는 대증요법만으로 만족해야 될 질환들은 장래에 해결해야 될 의학적 숙제가 아닐 수 없다.

〈小說〉

수리부엉이

그날 밤에도 보름달이 중천에 걸리자 수리부엉이는 또 다시 찾아왔다.

뒤뜰 대나무밭 가운데에 높다랗게 서 있는 말라죽은 감나무 가지위에서 허여멀건 달빛을 배경으로 두 귀를 쫑긋 세운 채 묵묵히 앉아 적막한 우리 집을 내려다보고 있었다.

산과 들은 깊은 잠에 묻히고 살바람에 비벼대는 대나무잎사귀 소리만 스산했다.

뒷간에서 돌아오다가 등골이 으스스 해진 나는 불 꺼진 방으로 숨듯이 들어와 얼른 문고리부터 걸어 잠갔다. 그리고는 이불을 뒤집어쓰고 장지문에 박힌 조그만 쪽 유리로 한참동안 부엉이를 몰래 훔쳐보고 있었다.

부엉이는 보름달이 뜨는 밤이면 늘 그랬듯이 한 식경이나 지난 후 '부엉 부엉' 하고 나직한 목소리로 몇 번 울고는 푸드득 날아올라 어두운 밤하늘로 잠기듯 사라져 갔다. 부엉이가 떠나간 죽은 감나무 가지는 달빛아래 은백색으로 더욱 앙상하게 빛났다

그 시절 대나무밭 왼 켠의 사랑채 옆에 붙은 뒷간과 장독대 사이에는 두 그루의 굵직한 살구나무가 버티고 서있었다. 이른 봄이 되어 살구꽃이 피면 꽃 그림자가 시원한 그늘을 만든다. 나보다 여섯 살 위였던 삼촌은 살구꽃 그늘아래에 삐거덕거리는 낡은 나무의자를 가져다 나를 앉혀놓고 제법 익숙한 바리깡 솜씨로 머리를 깎아주곤

했다.

살구꽃은 벚꽃보다 훨씬 진하지만 복숭아꽃보다는 약간 옅은 핑크빛을 띤다. 봄바람이 부는 날이면 발그레하게 상기된 살구 꽃잎들이 눈발처럼 흩날리면서 보이지 않는 굴레를 따라 저마다의 세계로 미지의 여행길을 떠났다.

문제의 대나무밭으로 올라가던 장독대 뒤 언덕배기에는 작달막한 석류나무 옆에 두어 그루의 골단추 나무가 다소곳하게 머리 숙이고 있었다. 골단추 나무는 열매를 먹는 것이 아니라 꽃을 먹는 나무였으므로 노오란 골단추 꽃들은 제일 반가운 봄의 전령이었다.

아카시아 꽃을 닮은 골단추 꽃은 향기는 없었지만 씹을수록 단맛이 오래오래 스며 나왔다. 삼촌과 나는 소쿠리 가득히 골단추 꽃을 따다가 툇마루에 앉아 사이좋게 먹어 치운다.

"오늘은 오른쪽 골단추 꽃을 땄으니까 내일엔 왼쪽 나무의 꽃을 따자!"

"삼촌, 할아버지께서 또 꽃술을 담그신다면 어쩌려고 그래?"

"아마 며칠 후면 오늘 훑어먹은 오른쪽 나무에 또 꽃망울이 많이 맺힐 거야."

"에이, 비도 안 오는데 꽃이 또 열리겠어? 그러니깐 적당히 땄어야지. 아까 너무 훑었잖아. 왼쪽 나무는 따지 말자!"

"참, 걱정도 팔자네. 할아버지가 널 혼내는 거 봤어?"

"누가 나 혼날까봐 걱정이래? 삼촌이 야단맞을까봐 그러는 거지."

"헤헤… 내 걱정일랑 붙들어 매라. 어차피 맨 날 혼나는 거 가지고 뭘!"
"그러니까 애들 좀 그만 두들겨 패라니까."
"야, 널 괴롭히는 '즘' 놈들을 그냥 두라고? 그 새끼들 한번만 또 널 때리면 모조리 대갈통을 깨 부셔버릴 거야."
"그래도 삼촌이 아무나 맨날 패고 다니니까 다들 코피 터지고 개네 들 부모들이 집에 쳐들어오고 그러지. 그러니까 할아버지한테 매 맞잖아!"
"다 참아도 나를 무시하는 건 정말 못 참아."
"누가 삼촌을 무시한대? 다들 도망 다니는데. 난 삼촌이 할아버지 한테 매 맞는 게 더 싫어. 중학생까지 돼 가지고 왜 맞고 살아?"
"야, 내가 괜히 맨날 혼나는 줄 아니? 다 이 유가 따로 있어, 임마!"
"뭔데? 그 이유가 뭔데?"
"넌 몰라도 돼!"

그러면서 삼촌은 먼 하늘만 쳐다본다. 어쩐지 삼촌의 눈빛은 언제나 알 수없는 슬픔을 담고 있는 것 같았다.
진짜로 삼촌은 할아버지한테 야단맞지 않는 날이 거의 없었다. 허구한 날 쌈박질을 하면서 앞 동네 뒷 동네를 휘젓고 다닌다. 삼촌한테 두들겨 맞아 코피가 터지고 눈두덩이 부어오른 아이들과 그 부모들이 일주일에 한번 씩은 집으로 쳐들어와 소란을 피웠다.
그러면 할머니께서는 의례 예쁜 보자기에 싼 토실토실한 씨암탉 한 마리와 볏짚으로 정성스럽게 묶은 열 개들이 계란 한 꾸러미씩을 들려주며 살살 달래서 돌려보내곤 하셨다.
그러고 난 후 한껏 열이 오르신 할아버지께서 몽둥이를 들고 좇아가면 삼촌은 그보다 훨씬 빠른 속도로 도망쳐 버렸다. 날렵한 삼촌이 흙먼지를 일으키며 동네 앞 언덕을 넘어서 쏜살같이 사라지기까지는 십초도 채 걸리지 않는 것 같았다.
삼촌은 짐짓 시치미를 떼지만 나는 삼촌이 삐딱해진 이유를 어렴풋이 알고 있었다. 즉 학교 성적이 늘 학급에서 맨 꼴찌를 맴돌았던 것이다. 학교에도 잘 가지 않았고 갔다 해도 중간치기 하는 날이 부지기수였다.
내가 기억하는 한 멋진 카이젤 수염에 풍채 좋으셨던 우리 할아버지는 점잖은 두루마기행장을 갖추고 근엄한 둥근 뿔테 안경에 중절모를 쓴 채 삼촌네 담임선생님한테 호출당해 가셔서 싹싹 비는 것이 가장 중요한 일상생활 중의 하나였다.
삼촌은 같은 학년의 중학생들보다 키는 훨씬 컸지만 덩치까지 좋은 것은 아니었다.
체격이 호리호리하고 콧날이 유달리도 오뚝했으며 눈이 가늘고 위쪽으로 눈 꼬리가 치켜 올려져 있어서 엄청 날카로운 인상이었다.
게다가 교복단추 두세 개는 항상 풀어 헤치고 모자는 벗어서 꼬나들고 다니다 쓸 때는 꼭 비스듬하게 눌러써서 언뜻 보기에도 불량학생 티가 넘쳐났다. 모자챙도 직각으로 꺾어서 쓰기 때문에 옆에서 보면 삼촌이 어디를 보고 있는지 도무지 알 수가 없었다. 삼촌

뒤에는 늘 한두 명의 똘마니들이 삼촌 책가방을 들고 졸졸 따라다녔다.

온 고을의 중학생 치고 삼촌한테 얻어맞지 않는 애가 없었다. 유달리 허약하고 싸움질도 못했던 내가 '즘' 애들 같은 호로상것들한테 그만큼이라도 대우받던 것은 순전히 악바리 싸움꾼인 삼촌의 덕이었다. '남태' 라는 이름만 들어도 모두가 국민학생이던 내 라이벌 녀석들은 벌벌 떨었다. 삼촌의 상대는 걔들이 아니고 걔네들의 셋째 형이었다.

우리 집 뒤뜰에 있는 골단추 나무 뒤 언덕배기에 올라서면 몇 백 평이나 되는 대나무 밭이 펼쳐진다. 대나무 밭 중간에는 높다란 감나무가 한그루 서 있었는데 감꽃이 피면 삼촌은 떨어진 꽃들을 줄줄이 실에 꿴 다음 다디단 감 향기 나는 목걸이를 만들어 나와 누이동생의 목에 걸어주곤 했다. 달콤한 향기를 뿜는 노르스름한 감꽃은 꼭 윗뚜껑 빠진 서커스단의 중절모 같았다.

장마철이 시작되면 대밭 바닥에서는 여기저기 수 없이 뾰족한 죽순들이 솟아나온다. 우리가 오동통한 놈들만 골라 뚝뚝 꺾어오면 할머니는 껍질을 벗겨 굽기도 하고 데쳐서 나물도 무치고 된장국도 끓여 주셨다.

그러다 가을이 되면 대나무밭 감나무에는 가지마다 부러질 듯 주홍색 홍시 감들이 매달린다. 둥글납작한 보통 감이 아니라 유달리도 크고 길쭉했던 그 뾰루지 감들은 쨍쨍한 가을 햇빛을 받아 잘 익은 빨간 앵두처럼 투명하게 빛나며 나를 유혹했다.

"삼촌, 감이 다 익었네. 홍시 감 먹고 싶지 않아?"
"야! 너 또 왕창 먹고 사고치려고 그러지?"
"아냐. 딱 두 개만 먹을게. 헤헤…"
"두개 좋아하네. 내가 네 수법을 다 알지."

하면서도 삼촌에게 홍시 감을 따 달라고 조르면 꼭 못이기는 척 하고 따주곤 한다.
삼촌은 길다란 장대의 끝을 두 갈래로 쪼갠 후 거기에 작은 막대기를 끼워 묶은 다음 홍시감이 매달린 높은 가지에 끼워 비튼다. 그러면 몇 개의 감이 매달린 채로 가지째 꺾여 장대 끝에 딱 끼워지므로 얼마든지 망가지지 않게 탐스러운 홍시 감을 딸 수 있었다.
나는 삼촌의 감 따는 솜씨를 칭송하면서 연신 다디단 홍시 감을 터뜨려 후루룩거리며 빨아대지만 이에 따른 비극적인 대가는 다음날 측간에서 어김없이 치러내야만 했다.
그러다 내가 열한 살이 되던 해에 시작된 일련의 사건은 정든 대나무 밭과 우리들이 영영 이별하는 계기를 만들었다. 나 역시 그해 이후로 고향집을 떠날 때까지 십년 가까이 다시는 집 뒤 대나무 밭에 들어가 본 적이 없다. 단 일 년 만에 감나무와 대나무밭은 갑자기 별세계처럼 전혀 다른 이방으로 돌변하고 말았던 것이다.
그 사건의 발단은 내가 국민학교 4학년이 되던 해 초여름부터 시작되었다. 건너동네 친구들과 셋이서 학교에서 돌아오는데 동네 어귀를 하얀 가운을 입은 아저씨들과 하늘색 제복을 입은 순경아저씨들이 지키고 있었고 다른 한쪽에서는 인부들이 말뚝을 박고 동네를 빙 둘러가며 새끼줄을 치고 있었다.
어느 순경아저씨가 다가오며 말을 걸어왔다.

"너 이 동네에 사는 아이냐?"
"네. 그런데요."
"그럼 너희들은 어디에 사니?"
"우리들은 건너편 가몽골에 사는데 왜 그러세요?"
"그러면 가몽골 사는 애들은 빨리 집으로 돌아가고 너는 이리 따라와!"

어리둥절하며 순경아저씨를 따라 군용천막 안으로 들어가자 세숫대야에 담긴 불그스레한 소독 액으로 손을 씻게 하고 하얀 알약을 먹였다. 그리고 나를 집으로 얼른 들여보내주었지만 그것으로 끝이었다. 겨우 8가구에 불과한 씨족 부락이었던 우리 동네는 전염병인 장질부사로 그 날부터 세상과 딱 단절되었던 것이다.
그리고 석 달 동안이나 학교는커녕 새끼줄 밖으로 나갈 수조차 없었다. 이튿날 아침에는 강제로 동네사람 모두가 우리 집 마당에 모여 라디오 뉴스를 들었는데 그 내용은 이랬다.

"요즘 도내의 일부 부락에서 법정 제 1종 전염병인 장티푸스 환자가 발견되었다. 도내 방역당국에서는 도민들의 건강을 보호하기

위하여 그 마을을 효과적으로 격리시키는데 성공하였다. 장티푸스는 수인성 전염병이므로 모두 물을 끓여먹고 외출을 자제하고 외출 후에는 꼭 손을 깨끗이 씻기 바란다. 모든 음식은 익혀서 먹을 것이며 특히 야채나 생선을 날로 먹지 않도록 해야 한다. 혹시 열이 나고 설사증세가 있는 환자가 발생하면 즉시 보건소에 신고하라."

방송을 들으면서도 나와 삼촌은 곁에 붙어 앉아 연신 킥킥거렸다. 날마다 밥 잘 먹고 쌩쌩하게 잘 노는데 웬 헛소리냐 싶었다.

"웃긴다. 누가 아프대?"
"몰라. 할머니한테 물어봐."
"할머니, 동네에 누구 아픈 사람이 있대요?"

양미간을 잔뜩 찌푸리신 할머니가 말을 받았다.

"아프긴 누가 아파. 늬네 진사동 고모가 몸살 난 것 외에는 아무도 안 아파. 염병들 하고 있네, 진짜…"

할머니 말씀처럼 우리 동네에서 아픈 사람은 진사동 고모밖에 안 계셨다. 무당이셨던 그 당고모만이 며칠 전 푸닥거리를 한 다음날부터 몸살로 열이 나고 온 삭신이 아파 집에 누워계신다고 들었다. 우리는 관청에서 무언가 시행착오를 하고 있는 것으로 믿었다.

동네사람들 중 그 누구도 사태의 심각성을 깨닫지 못했다. 나 역시 사나흘 이내에 동구 밖을 마음껏 쏘다닐 수 있을 거라고 생각했다. 비극이 싹텄던 그날 밤에도 나는 여전히 석유등잔불 밑에서 숙제를 했다.

동네 어귀에는 몇 개의 작은 천막 말고도 커다란 군용천막이 세 개나 설치되었는데 하나는 순경아저씨들이 쓰고 다른 하나는 흰 가운들이 사용했다. 나머지 하나가 단체 급식소였는데 묽은 흰죽에 간장과 두어 가지의 밑반찬이 한 끼 식사의 전부였다.

우리 동네의 유일한 식수원이었던 공동우물은 폐쇄되고 아침저녁으로 뽀얀 소독약이 안개처럼 온 동네를 뒤덮었다. 집에서는 일절 밥을 해 먹지 못하게 해서 단체급식소에서 나누어주는 죽만 먹어야 했다. 한 열흘쯤 지나자 현기증이 나고 온 몸에 힘이 쭉 빠졌다.

너무도 배가고파 아무거나 먹고 싶었지만 집집마다 사람들이 지키고 있어서 채전 밭의 토마토나 오이하나도 마음대로 따 먹을 수 없었다. 우리 식구들은 점점 기력을 잃고 차례로 방바닥에 드러눕기 시작했다. 진짜로 병이 든 것인지, 허기가 져서 생병이 난 것인지 도무지 알 수가 없었다.

"두 번째 집에 환자발생. 속히 와 주기 바람"

하고 확성기가 울리면 하얀 상자를 들고 몇 명이 즉시 뛰어 들어왔다. 그리고 커다란 링게르 주사가 팔에 꽂힌다. 그러면 더욱 움직일

수가 없어서 꼼짝없이 누워 있어야만 했다.
온갖 약품과 음식물은 가끔씩 빨간 십자가를 두른 트럭에 실려 왔다. 흰 가운을 입은 사람들이 득시글한 가운데 동네사람들은 하나같이 허깨비처럼 까라져 온종일 링게르 줄을 달고 살았다. 처음에는 흰 가운들이 모두 의사인줄 알았는데 나중에 알고 보니 진짜의사는 거의 없고 대부분이 군청이나 보건소 직원들이었다.
가끔씩 우리 동네의 소식이 전파를 타고 라디오로 방송되었다. 몇명의 환자가 발생하고 몇 명이 나았다는 내용이었다. 환자발생이 종료될 때까지 동네를 철저히 격리하겠다는 방송도 계속되었다.
한편으로는 매일같이 카메라를 든 사람들이 몰려와 번쩍거리는 플래시를 터뜨려가며 즐비하게 누워 링게르를 맞는 우리 식구들의 모습을 사진으로 찍어갔다.
단체급식소에서 날라다주는 식사는 한 달이 다되도록 여전히 맛없는 멀건 죽과 간장, 허연 김치, 그리고 노르스름한 단무지가 전부였다. 삼촌과 나 역시 족히 보름간은 누워있었는데 너무나 힘이 없어 일어나 앉기조차도 어려웠다. 그래서 우리는 거의 온종일 잠만 잤다.
눈을 뜨면 방 안의 벽지에 찍힌 온갖 무늬들이 살아서 뛰어나와 춤을 추면서 끝없는 미로로 하루 종일 나를 끌고 다녔다.
천정을 바라보면 까마득해질 때까지 한없이 저절로 높아져 간다. 눈을 감으면 빙글빙글 도는 깜깜한 회오리에 아우성치며 빨려들곤 했다.

방에서 나와 측간에라도 갈 때는 깊고 깊은 땅속 계단을 따라 지구의 중심으로 내려가는 것만 같았다. 가느다란 내 팔뚝에는 언제나 링게르 줄이 매달려 있었는데 그 커다란 링게르 병속에 거꾸로 꽂힌 유리대롱이 가쁜 숨을 몰아쉬며 연신 공기를 빨아들였다.

공동우물가에 산더미처럼 쌓이던 알루미늄 테를 두른 빈 링게르 병과 주사 줄, 주사바늘 등은 매일같이 인부들의 지게에 실려 우리 집 뒤 대나무밭에 차곡차곡 버려졌다.

동네가 격리 된지 두 달째부터는 감시가 소홀해져 알게 모르게 집집마다 밥을 해 먹기 시작했다. 그러자 열흘도 지나지 않아 대부분 링게르 신세를 벗어나고 단체급식소는 아무도 찾지 않게 되었다.

하루 이틀 날이 지나면서 경찰과 흰 가운들도 거의 모두 돌아가고 몇 명만 남아 건성으로 지켰기 때문에 건너 마을의 친척들이 수없이 인사차 다녀가곤 했다.

그러던 어느 날 밤 삼촌이 죽었다. 한밤중에 눈을 까뒤집고 가쁜 숨을 몰아쉬다가 채 눈도 감지 못하고 갑자기 죽어버렸다.

나를 끔찍하게도 아꼈던 하나밖에 없는 삼촌은 겨우 중학교 3학년이었던 해에 그렇게 허무하게도 우리 곁을 떠나갔다.

다음 날 삼촌은 경찰들의 제지로 동네 어귀조차 벗어나보지 못하고 정든 교복을 입은 채 날근날근한 책가방을 안고 동네 앞 야산의 소나무밭에 묻혔다. 도저히 상상할 수도, 믿을 수도 없는 일이 채 하루도 지나기 전에 깨끗하게 마무리되었다.

할머니께서는 삼촌이 열도 없었고 설사도 안하고 머리털도 전혀 빠지지 않았으므로 장질부사 때문에 죽은 것이 아니라고 주장했다. 오로지 그 동안 쇠약해진 기력을 회복하기 위해 온 가족이 전날 저녁때 함께 끓여먹었던 피문어 죽에 급체해서 죽은 것이라고 말씀하셨다. 나도 그날 저녁 피문어 죽을 가족들과 함께 먹었었다. 하지만 다음날 라디오로 방송된 내용은 이랬다.

"그 동안 효과적으로 격리되었던 장티푸스 만연 지역에서 드디어 사망자가 발생하였다. 그러나 도 보건당국의 엄격하고도 철저한 관리로 기타 지역에서는 전혀 감염자가 나타나지 않고 있다. 당국은 앞으로도 타 지역으로는 전염되지 않도록 최선을 다하여 도민의 건강과 생명을 지킬 것이니 도민은 안심하고 생업에 종사하라."

삼촌이 죽은 다음날부터 경비가 갑자기 더욱 심해졌고 한 달이나 더 지나도록 동네 밖 출입이 또다시 금지되었다. 우물에는 빨간 소독 통이 다섯 개나 집어넣어져 소독약 냄새 때문에 끓이지 않고는 물을 도저히 마실 수 없었다.
그리고 한 달이 더 지난 다음 나온 라디오 방송은 이랬다.

"장티푸스 감염지역에서 최초의 사망자가 나온 이후 철저한 질병관리와 격리 덕분으로 지난 일개월동안 단 한명의 환자도 추가로 발생하지 않았다. 성공적으로 방역활동에 전념한 도 보건당국의 공로이다. 내일부터는 격리 되었던 부락의 격리를 해제한다. 모든 도민은 안심하고 생활하라."

석 달간이나 결석했던 학교에서는 내가 죽었다는 소문이 파다했다. 여름방학이 지나고 학교엘 가니 유령인줄 알고 친구들이 나를 피하며 슬슬 도망 다녔다.

"야, 왜 그래. 나 이제 안 아프나고!"
"아니야~ 내가 뭘 어쨌게…"
"왜 자꾸 피하냐고. 내가 이상하게 보여?"

그래도 친구들은 한참동안 나를 떼어놓고 저희들끼리만 몰려다녔다. 다른 애들도 멀리서 힐끔힐끔 돌아보면서 자기들끼리 뭐라고 속닥거리곤 했다.
한바탕의 소동이 지나간 후 우리 대밭에는 수없이 많은 링게르 병과 주사바늘이 켜켜이 쌓였다. 한해, 두해가 지나면서 어쩌다 장독대 위에 올라가 검발이라도 짚고 올려다보면 링게르 병과 그것이 깨진 유리조각들이 링게르 줄과 뒤엉켜 새하얗게 대나무 밭 바닥을 뒤덮고 있었다. 대나무밭 뒤쪽으로는 울타리위에다 군청에서 설치한 철조망까지 둘러쳐서 더욱 무시무시한 출입금지 구역이 되었다.
남새밭 건너 사랑채 뒤 깨중나무 가지에는 삼촌이 권투연습을 한다며 달아놓았던 검정색 가죽주머니가 모래를 뱃속에 가득 담은 채

쓸쓸하게 매달려 있었다. 아무도 그것을 건드리지 않았지만 삼촌의 얼굴이 점점 잊혀져가던 이듬해 초봄 어느 날 스스로 떨어져 없어졌다.

그리고 그해 봄엔 대밭 가운데에 있던 커다란 뾰루지 감나무도 갑자기 말라죽었다. 동네 어른들은 엉겨 붙은 대나무뿌리 때문에 감나무가 영양부족에 걸려 죽었을 거라고 수군댔지만 대나무 사이에 군데군데 박혀있던 높다란 사시나무는 아무 일도 없다는 듯 무심한 봄바람에 반짝이는 이파리를 살랑거렸다.

삼촌의 죽음에 대해 심각한건 항상 나 혼자 뿐이었다. 내 생각엔 아무래도 삼촌의 죽음과 감나무의 죽음은 보이지 않는 무슨 관련이 있는 것만 같았다.

햇빛이 따사롭던 그해 어느 여름날 오후의 일이다. 사립문 앞 회화나무 그늘에는 언제나처럼 시원한 평상이 놓여 있었다. 학교에서 일찍 돌아와 더위에 지친 나는 평상위에서 잠깐 잠이 들었다. 그런데 옆에서 두 분의 동네 아주머니들이 고구마 줄기를 다듬으며 나누는 이야기가 지루한 매미소리와 함께 꿈속에서처럼 아련하게 들려왔다.

“남태가 죽고 나서 대밭에서 이상한 소리가 난대.”

“글쎄, 지난겨울엔 밤마다 시끄러웠다면서?”

“매일 밤 빽 치는 소리가 밤새도록 울렸대.”

“하긴, 남태가 살았을 때 좀 빽을 두드려 댔나! 아마 갠 컸으면 권투

선수가 됐을 거야!"

"그나저나 참 불쌍도 하지? 살았을 때 남태 아버지가 너무 구박했었잖아."

"그러니까 어린것한테 딴 데서 낳아왔다고 말하면 안됐던 거야. 다른 생모가 있다면 누가 부모한테 정이 가겠어?"

"아니 그러면 해마다 그 여자가 찾아와 대문 앞에서 서성대는데 말을 않고 배겨? 애가 속없이 따라가기라도 하면 어떡하고."

"참, 그 여편네도 낳아서 주었으면 그만이지 왜 쫓아와서 파토를 내고 지랄이야!"

"말도 마. 더 못 오게 난리를 치니까 이년 전부터 완전히 돌았대. 작년 봄 황등 장날 갓집 댁이 장터에서 보았대잖아!"

"그년 남태 죽은 건 아나?"

"제 정신이 아니니 알면 또 어쩔 거야."

"어쨌든 남태는 중학교 가고 나서부터 이상해졌어. 사고뭉치가 되었잖아."

"걘들 왜 제 어미가 근처에서 맴도는 것을 몰랐겠어?"

"아휴, 어린것이 참 안됐지. 마음고생이 얼마나 심했을까! 하필이면 나이든 노인네들 다 놔두고 그 어린것이 왜 죽어? 하늘도 무심하지."

"하여튼 용화산 아래 둘도 없는 비극이야. 돌림병도 이상하지 않아? 염병이라는데 열나고 머리털 빠져가며 아팠던 사람이 있었어?"

"글쎄, 옆 동네는 고사하고 도내에서 어디 한 군데라도 진짜 염병이 돌았었냐구!"

"글쎄, 부정선거로 정권을 잡은 것들이 선거 앞두고 생 쑈를 했다잖아…"

"염병할 놈들, 지들은 부모자식도 없나… 대가리에 피도 안 마른 자식들이 사람을 가지고 논다, 놀아!"

"그만해라, 그만! 지서에라도 잡혀가면 어쩔려고…"

"몰라. 잡혀가도 어디 두 달씩 굶은 것만이야 하겠어?"

"아무튼 동네가 작아 잘못 걸린 거래. 이제 그만 잊어버리자, 제발…"

나는 쿵하고 가슴이 내려앉는 것 같았다. 대문 앞 회화나무 밑을 배회하던 남루한 옷차림의 그 아줌마는 언젠가 나도 학교에서 돌아오다가 본 적이 있었다. 할머니에게 누군가가 대문 앞에서 서성거린다고 말씀드리자 할머니께서는 '미친년!' 한마디 하시고는 말이 없으셨다. 나는 할머니의 말씀이 그 여자의 정신이 미쳤다는 것인지, 행동이 이상하다는 것인지 도무지 구분할 수가 없었다.

아주머니들의 이야기를 들은 다음부터 나는 죽은 삼촌 생각에 잠을 이루지 못하는 날이 더욱 많아졌다.

돌이켜 생각해보면 수리부엉이는 지난 봄 감나무가 말라죽은 뒤로부터 날아오기 시작했던 것이 분명하다. 그 때쯤에 삼촌이 치던 모래주머니 빽도 저절로 떨어져 없어졌기 때문이다.

달 밝은 밤이면 싸리버섯 같은 나뭇가지사이로 부엉이의 자태가 더욱 뚜렷하게 보였다. 하필이면 한밤중에 뒷간엘 가는 버릇이 있던 나 혼자만이 꼭 그 수리부엉이를 만났다.
대문 앞 평상에서 아주머니들의 대화를 엿듣기 전에는 부엉이가 무서웠지만 그 후로는 밤마다 내심 기다려지기까지 했다. 가끔씩은 부엉이와 무슨 이야긴가를 서로 주고받은 것 같기도 하지만 그것은 비몽사몽간에 이루어진 일이었을 뿐이다.
부엉이를 만나는 일이 반복되자 나는 할아버지 할머니뿐만 아니라 친구들에게 까지도 죽은 삼촌이 부엉이가 되어 밤마다 찾아오는 것 같다고 조심스럽게 말해보았다. 그러나 다들 듣는 둥 마는 둥 했다. 반가워하는 기색은커녕 표정의 변화조차 찾아보기 어려웠다.
그 후로 달이 바뀌고 해가 지나면서 사건은 나에게서조차 점점 멀어져가고 또 잊혀져갔다.
하지만 지금도 달 밝은 밤이 되면 어김없이 창백한 달빛을 받으며 뼈대만 남은 감나무 가지위에 도도히 앉아 불 꺼진 우리 집을 내려다보던 커다란 수리부엉이의 모습이 떠오른다. 그리고 외로운 그 부엉이가 다시 환생한 남태삼촌이었을 거라는 나의 믿음은 아직까지도 변함이 없다.

〈小說〉

황금별판

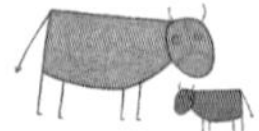

석씨의 등줄기에서는 연신 식은땀이 흘렀다.
아무도 없는 텅 빈 마을을 허겁지겁 떠난 것이 어슴푸레한 황혼이 밀려오던 한 식경쯤 전이었는데, 이미 어둠이 깃든 무성한 숲 속에서 인생의 유일한 동반자인 아내 박씨와 함께 끝없는 고갯길을 오르자니 숨이 턱에 차고 으스스한 것이 영 불안했다.
처량한 갈바람 소리는 참나무 잎새에 울고 평소엔 그토록 듣기 좋게 명경지수 계곡을 울리던 낭랑한 물소리까지 오늘따라 여간 음산한 게 아니었다. 등불도 없이 어두운 산길을 재촉하며 불안감에 끊임없이 주변을 두리번거렸지만 수심에 잠긴 아내 박씨의 창백한 얼굴 외엔 의지할 것이 아무것도 없었다.
별들이 총총한 맑은 밤하늘에 검붉은 초승달만 서산에 걸쳤고 누군가가 기다리고 있을 것만 같은 그 어느 곳을 향하여 정처 없는 밤길을 재촉해야 했다. 어찌하여 마을엔 갑자기 인적이 끊겼고 어디쯤에서 반가운 사람들이 따뜻한 모닥불을 피워놓고 기다리고 있을지 도무지 짐작이 서질 않았다. 돌연 커다란 나무 밑 둥의 시커먼 공간 사이로 한줄기 돌풍과 함께 벼락치는 소리를 내며 새파란 두 개의 불꽃이 일었다.
진땀에 흠뻑 젖은 채 전율하던 석씨가 잠에서 깬 것은 바로 그 때였다.
냉수를 한 대접이나 들이 키고 난 후 다시 자리에 누웠으나 잠은 오지 않고 지나쳤던 고달픈 인생의 여정만이 정적 속에 주마등처럼 뇌리를 스친다. 초저녁부터 끊임없이 귓가를 울리던 경쾌한 폭죽 소리는 이제 좀 잠잠해졌지만 건너편 황씨네 산 언덕배기에 자리 잡은 높다란 무슨 '캐슬 콘도미니엄' 의 휘황찬란한 야경은 아직껏 뭇 사람들의 즐거운 함성을 와-하고 토해내는 것만 같았다.

여러 십년 이래로 석씨네는 승언리 언저리에 자리한 이 동네 초가 삼간에서 살아왔다. 증조부께서는 구한말 높은 벼슬자리에 계시면서 도성 안에서 떵떵거리고 사시다가 나라가 망하자 벼슬길을 내던지고 이곳으로 낙향하셨다는 이야기는 어렸을 적부터 아버지한테 귀가 아프도록 들었지만 이를 확인할 길은 없었다.

하지만 울창한 왕소나무 송진 냄새에다가 황토 내음까지 물씬 밴 이 동네가 석씨네 증조할아버지 때부터 살아온 관산이었던 것만은 사실이다.

인공 때 할아버지와 할머니께서는 턱골 재 넘어 사오랑에 사는 당숙을 몰래 숨겨주었다가 반동으로 몰려 모두 돌아가셨다고 한다.

그 오촌 아저씨는 경찰공무원 이었는데 공산군이 밀려오자 미처 피하지 못하고 마루 밑 고구마 굴에 숨어 지내다가 밀고를 당하는 바람에 할아버지, 할머니까지 모두가 화를 입었다고 들었다.

빨간 완장을 차고 온 고을을 휘젓고 다녔던 그 밀고자는 수복된 후에 어디론가 도망쳤는데 아직까지 아무도 그 사람을 본 적이 없다고 한다.

전쟁 직전, 석씨를 임신한 후 입덧이 심해 요양차 친정인 경북 청도에서 지내던 석씨 부모님은 전쟁이 끝날때까지 용케도 난리를 피할 수 있었다. 그러다 전쟁이 끝난 후 고향으로 돌아와 할아버지와 할머니가 안계신 빈집을 물려 받았다.

석종민의 어린 시절, 아버지는 읍내 지주로부터 소작논 열댓 마지기를 부쳐 먹는 빈농이었다. 어머니는 학교에 발을 디뎌보지 못한 무학이었지만 농사뿐만 아니라 자식들 일이나 살림 돌보는 데도 아주 열심이어서 종민이 삼 형제를 씩씩하고 야무지게 길러냈다.

어머니는 한 달에 한 번씩은 꼭 절에 다니는 독실한 불교신자였는데 겨우 한글만 깨우친 정도였는데도 불구하고 불경을 외우시고 금강경 사경을 하셨다. 어머니의 사경을 자세히 보면 어느 스님이 쓴 명필 금강경과도 거의 구별할 수 없을 정도였다.

그러나 정성 어린 보살핌과 자식 사랑 이외에 지적으로 어머니에게서 물려받은 것이라곤 빈약 할 수밖에 없었다.

재산이라면 할아버지 대에 마련했다는 턱골 자락의 밭 열댓 마지기가 있을 뿐이었다.

아침부터 논밭에 나가 뼛골 빠지게 일을 해도 이듬해 보릿고개에는 입에 풀칠하기조차 어려웠던 국민학교 시절, 편도 이십 리 길을 걸어 학교에서 돌아오면 너울재 너머 갯벌에 나가 조개나 게를 잡는 개발이를 하거나 운저리 낚시를 해서 부식거리를 장만했다. 운저리 낚시터는 주로 물이 썬 후 군데군데 만들어지는 둠벙이었다.

지금은 막혀진 진등개와 구정개 사이의 큰 뻘이 석씨의 놀이터이자 어장이었던 셈이다. 갯벌 위로 물이 들면 야산으로 소를 몰고 나가

풀을 뜯겼다. 소가 풀을 뜯는 사이 그는 꼴을 베어 깔구럭에 담아 지고 어둑어둑 어스름이 깔리는 저녁이 되어서야 겨우 집에 돌아오곤 했다. 소를 뜯길 때 풀밭에서 뽑아 먹던 삘기와 뚝 부러뜨려 껍질을 벗겨먹던 상큼한 고시는 심심찮은 군것질 감이었다.

하기는 초가을 산딸기나 아그배, 맹감, 어름, 칡뿌리 등도 좋은 군것질거리였지만 운이 좋아 산딸기를 많이 딸 때는 꼭 집으로 가져와 술을 담그곤 했다. 아버지께서 매우 좋아하시던 그 술은 '복분자 술' 이라고 불렀는데 빨간 빛깔이 무척이나 예뻤다.

밭농사 철에는 고구마나 야채, 고추 등을 심은 밭에 나가 진종일 어머니와 함께 농사일을 거들어야 했다. 아버지는 논농사에 매달리고 밭농사는 어머니와 석씨 형제들의 차지였던 것이다. 황토 고구마밭에 무성한 쇠비름과 바라구는 어찌도 억센지 뽑아내고 또 뽑아내도 금방 도로 무성해지곤 한다.

뜨거운 땡볕 아래 고추 따는 일을 하다가 얼굴의 땀이라도 훔쳐내면 매운 기운이 눈에 들어가 하염없이 눈물을 흘리는 것쯤은 예삿일이었다.

동구 밖 우물에서 금방 퍼 올린 냉수에 보리밥 한 덩이 풍덩 말아 시큼하게 익은 고구마줄기 김치나 막 된장에 찍은 풋고추와 함께 퍼먹는 오동나무 밑 새참이 고달픈 밭일중의 유일한 낙이었다.

사리 때 진등개나 구정개에 동네 어른들이 합세하여 맥이라도 틀라치면 물이 썰 때 맥이에 많이 걸리는 망둥이나 깔따구 같은 맛있는 물고기들도 식탁에 올라, 온 식구들이 싱싱한 생선으로 포식을 할 수 있었다.
중학교를 마친 석씨가 학업을 접고 본격적으로 나서서 농사일을 돕기 시작하자 집안 살림이 좀 피었다. 이 년 만에 소도 세 마리로 불어나고 소작도 스물다섯 마지기로 늘렸다.

"이제 종혁이는 읍내 고등학교에 들어가라. 내가 뒤를 돌봐줄 테니 공부를 해야지. 이렇게 농사일에나 매달리면 평생 이 굴레에서 못 빠져나가."
"그래. 네 형의 뜻이 그러니 열심히 공부해서 대학은 꼭 서울로 가도록 해라. 사람은 서울로 보내고 말은 제주도로 보내 키워야 한다는 말이 있잖니. 내가 못 한 일을 네 장형이 다 해 주는구나."
"네. 형, 고마워요. 근데 집에서 통학하기가 어려우니 안면읍내에 방만 한 칸 얻어주면 자취하면서 학교에 다닐게요. 공부 열심히 할 테니 염려 마세요."

맞는 말이었다. 집에서 읍내까지는 이십 리가 넘는 거리였지만 아침 저녁으로 두세 차례만 버스가 다닐 뿐이어서 동네사람들은 주로 자전거를 타고 읍내로 볼일을 보러가곤 했다.
석씨는 바로아래 동생인 종혁이를 읍내 고등학교로 보내고 나서 새로 돈사를 짓고 돼지도 열 마리가 넘게 길렀다. 그 때부터 석씨가 군대에 가던 해까지 삼 년 동안 집안에는 별 근심 걱정이 없어 보였다. 부모님들도 건강했고 소작료를 빼고도 삼십 마지기의 논에서 일 년에 칠십 가마가 넘는 쌀을 거두었다.

종혁이를 읍내로 보낸 이듬해에는 둘째 동생 종만이도 종혁이와 같은 고등학교에 들어갔다. 비록 허름한 슬레이트 지붕에 연탄을 때는 자취방이었지만 나란히 놓인 동생들의 책상에 앉아보면 석씨는 마치 자기가 고등학생이나 된 것처럼 마음이 뿌듯하고 자랑스러웠다.

그래서 그는 읍내에 볼일이 있으면 주로 낮에 가서 동생들의 방에 들어가 혼자서 한참씩이나 머물다 오곤 했다. 어머니는 일주일에 한 번씩은 저녁때 막차를 타고 동생들 방에 가서 밥이나 반찬을 마련해 주며 하룻밤을 같이 지내고 첫차로 돌아왔다.

그러다 어느덧 이년의 세월이 지나 종혁이가 대학시험을 치르게 되었다. 시험을 앞두고 종혁이는 대학입시에 대해 아버지와 형에게 의논하러 왔다.

"형. 이번에 예비고사는 합격했지만 서울의 국립대학에 들어갈 실력은 좀 부족한 것 같아서요."

"……"

"진학담당 선생님께서 서울의 사립대학은 시험을 칠만 하다고 하시는데 어떻게 할까요?"

"그럼 한번 재수할 폭 잡고 국립대에 시험을 쳐 보는 게 낫지 않을까?"

"그럼 서울에서 학원 다니면서 재수해야 하는데 그것도 돈이 꽤 많이 들어갈 텐데요."

"사립대학 등록금은 국립대학보다 얼마나 비싼 거니?"
"두 배까지는 아니어도 한배 반쯤 비싼 걸로 아는데 힘들면 재학 중에 군대 갔다 와서 졸업해도 된다던데요."
"재수한다고 내년에 꼭 국립대에 들어간다는 보장도 없고요."
그렇게 말하면서 종혁이는 고개를 푹 떨궜다.
"그래. 재수하지 않고 바로 들어갈 수만 있다면 그게 나을지도 모르겠다. 공부 열심히 해서 사립대에는 꼭 합격해라. 내가 못한 공부까지 다 해다오."

옆에서 잠자코 형제의 대화를 듣던 아버지가 거들었다.

"지금 종혁이가 하는 공부는 원래 네 형이 했어야 될 몫이다. 내가 네 형을 못 가르친 것이 한이 되는구나. 네 형이 너보다 겨우 세 살 더 많을 뿐인데 내가 해야 될 일을 다 네 형이 도맡아 하는구나."
"아버지께서도 열심히 사셨잖아요. 저처럼 전쟁 끝나고 나서 공부 못했던 놈이 어디 한둘인가요?"
"……"
"종혁아. 내가 힘 닿는데까지 밀어 줄 테니까 종혁이는 이번에 꼭 대학에 합격해서 나 대신 앞으로 훌륭한 사람이 되어야 해."
"네. 형, 걱정 마세요. 남은 기간 동안 열심히 공부해서 꼭 일류대학에 들어가겠습니다."

이듬해 초에 종혁이는 이름도 쟁쟁한 서울의 명문사립대에 합격을 했다. 읍내 종혁이가 다닌 고등학교 정문에 세워진 화려한 명문대 합격축하 플래카드엔 종혁이의 이름이 앞에서 세 번째로 당당하게 나붙었다. 그 이름을 보면서 석씨는 마치 자기가 그 대학에 들어간 것처럼 들떴다. 세상이 자기 것만 같았다. 기분이 좋아진 그는 중학교 동창인 한씨와 유씨를 불러내 읍내에서 거나하게 맥주를 마시며 한턱 썼다.
종혁이가 대학에 들어간 후에는 기르던 다섯 마리의 소 중 한 마리만 팔았는데도 등록금이 너끈히 해결되었다. 더구나 아끼던 황소를 팔자마자 새끼를 뱄던 다른 암소가 쌍둥이 송아지를 낳아줘 경사가 겹치기까지 했다.
근심 걱정이 없을 것 같았던 그해 가을 어느 날, 석씨 앞으로 영장이 날아들었다.

'석종민의 군 소집을 명함'

간단명료한 종이쪽지 한 장을 받아든 석씨는 집안일, 동생들 일에 수심이 앞섰다. 지난 해에 신체검사를 받았지만 갑종축에 들지 못해 군 면제를 받을걸로 단순하게 믿고 있었던게 잘못이었다.
진작 병무청에 손을 쓰지 못한 것이 후회스러웠다. 종혁이는 서울에, 종만이는 읍내에서 자취를 하며 대학과 고등학교에 다니고 집안 일은 논농사 밭농사에, 돼지 돈사에다 소까지 여러 마리여서 할 일이 산더미였다.

혁명의 기치 아래 군부의 서슬이 한창 시퍼렇던 칠십 년대 초 스물셋의 나이로 석씨는 입대를 했다. 논산 훈련소에서 한 달간의 신병 훈련을 끝마치고 강원도 펀치볼 최전선에 자대 배치를 받았다.
춥고 배고프고 고달픈 졸병생활 칠 개월 만에 그토록 기다렸던 첫 휴가를 얻어 집으로 달려와 보니 허름한 사립문에 짚불 때던 아궁이까지 모든 게 그저 편안하고 아늑하기만 했다.
하지만 씨암탉까지 잡아 걸쭉하게 마련한 저녁상에서 아버지와 마주하고 자세히 보니 아버지께서는 그동안 몰라보리만큼 쇠약해져 있었다.
가난과 일에 찌들기는 했지만 그래도 건강했던 아버지는 불과 몇 달 만에 밀대처럼 야위었고 기침마저 심해서 언뜻 보기에도 예삿병에 걸린 환자 같지가 않았다.

"아버님 아무래도 병환이 깊은 것 같으니 내일에는 저와 함께 읍내 병원에 가보시지요."
"아니다. 기침이 좀 나오고 밥맛이 통 없긴 하지만 묵은 감기인 것 같다. 좀 기다려 보자. 엊그제 건너 동네 한약방에서 탕제를 지어다 달여 먹고 있으니 곧 좋아지겠지."
"그래도 엑스레이라도 한번 찍어 보셔야 될 것 같은데요?"
"병원비가 보통 비싸야 말이지. 병원에 함부로 갔다간 집안의 기둥뿌리가 뽑힌다. 네 동생 등록금도 곧 내야 되는데 한동안 이대로 지내고 보아야겠다. 그나저나 건너편 용재에 사는 박씨 딸과 혼담이 있었으니 이번 휴가 때 선이나 한번 보고 가거라."

"아휴, 제대하려면 이 년이나 넘게 남았는데 벌써 선을 보다니요?"

"아니다. 박씨 딸이 부모 잘 모시고 착하기로 그전부터 소문났으니 이번에 선을 보거라. 그만큼 착하고 부지런한 색시가 없다고 동네에 소문이 자자하지 않니."

"그 애는 학교 일 년 후배라서 예전부터 꽤 아는 사이지요. 근데 고등학교까지 나온 애가 저랑 만나 줄까요?'

"그 이야기는 박씨 영감과 다 끝냈으니 걱정 말고 한번 만나보도록 해라."

"그런데 그게 문제가 아니라 내일은 아버님을 병원에 꼭 모시고 가 보고 싶은데요. 병원에 가는 일이 급한 것 같아요."

"좀 더 지내보고 영 안 좋으면 네 어미와 함께 가 볼 테니 걱정 말고 푹 쉬었다 가거라."

아버지가 말한 박씨 처녀와 선을 보니 오래전부터 남모르게 서로 품어왔던 호감이 바로 확인되었다. 처음 만나는 것이 아니라 이미 초등학교 때부터 자주 보면서 조금은 친근한 사이였던 것이다.

"성옥씨, 이렇게 만나게 될 줄은 정말 몰랐어. 어떻게 휴가 때 아버지가 성옥이와 선보라고 다리를 놓으실지 상상이나 할 수 있었겠어?"

"글쎄 나도 아빠한테 종민씨 얘기 듣고 깜짝 놀랐어요. 근데 이 고을에서 종민씨 모르는 사람이 없대! 성실하고 효성도 지극하다고… 다들 칭찬이 자자한가 봐요."

하면서 성옥은 수줍은 웃음을 지었다.

"아이, 나는 중학교밖에 안 나왔는데 성옥은 읍내 고등학교를 졸업했잖아. 사실 나를 이렇게 만나주는 것만도 너무나 고마워."

"종민씨, 그런 말 하지도 말아요. 우리 중학교까지 일 년 선후배 사이로 쭉 같이 다녔잖아요. 종민씨가 시험 때마다 우등상 받고 백일장에 장원하고 한 것 누가 몰라요?"

"에이 농사꾼한테 무슨 민망한 말씀일까… 농사꾼은 농시나 잘 지으면 되지. 난 그저 부모님 모시고 살면서 동생들 뒤나 잘 돌봐줄 수 있다면 만족이야."

"난 중학교 때 종민씨 글을 읽고 얼마나 감격했는지 몰라요. 부끄러워 말도 못 붙여보았지만 그때 교내 글짓기 대회에서 장원한 '우리 어머니' 란 작품 있잖아요. 그 때 눈물을 흘리며 열 번도 더 읽다가 모두 베껴 썼어요. 지금도 집에 있는데 가끔 읽어요."

"우리 동창들 중 종민씨 좋아하는 애들 꽤 많았어요…호호호"

원래 수줍은 성격인 종민이는 마냥 부끄럽기만 했다. 다 잊어버린 소시 적 이야기로 성옥이한테서 찬사를 받고 이런 기쁨을 누리게 될 줄은 꿈에도 몰랐다.

"종민씨 휴가 끝나는 날 저녁때 아빠가 우리 집에 모시고 오래요. 몸보신 좀 시켜서 보내야겠다고 하시던데요."

귀대하기 전날까지 거의 매일 안면 읍내에서 성옥과 만나 차도 마시고 영화도 같이 보았다. 원래 좋아하던 영화음악이나 폴모리아 악단의 연주를 성옥과 함께 음악다방에서 듣는 행복도 이제 얼마 안 남았다. 보름의 정기휴가가 마치 물 흐르듯 금방 지나가 버렸다. 성옥의 집에서는 휴가 마지막 날에 근사한 잔치 상을 차려놓고 석씨를 초대했다. 그 날 뜻밖에도 성옥의 부모님들께서 너무나 극진히 대해줘 난생처음 겪어보는 호강을 누리기도 했다.
하지만 석씨는 지금도 그때 아버지를 모시고 병원에 가지 못했던 것을 두고두고 발등을 찍고 싶을 만큼 후회한다. 성옥이와 데이트에 푹 빠져서 부친 병환을 방치했던 것 같은 죄책감에 사로잡힐 때가 한두 번이 아니다.
아버지의 주선으로 성옥과 맞선을 보았고 그 인연이 결국에는 결혼으로까지 이어졌지만 그 휴가 이후에 다시는 아버지를 보지 못하는 비극이 일어나리라고는 꿈에도 생각지 못했던 것이다.
석씨의 다음 정기 휴가를 서너 달 앞둔 어느 날 극도로 쇠약해진 아버지는 어머니와 함께 결국 읍내 병원을 찾아갔지만 의사는 이미 손댈 수 없는 폐암 말기로 진단했다.

"엑스레이를 보니 폐암 말기예요. 숨도 제대로 못 쉬었을 텐데 그동안 뭐하고 왜 이제사 병원에 온 거요?"

의사의 힐난에 어머니는 할 말을 잊었다.

"그 동안 계속 한약을 달여 먹었는데 안 나아서요."

"아니 그래도 정도가 있지 이 지경으로 몇 달씩 두었다니 말이 돼요?"

"저는 아무것도 모르고 아들은 군대 가서 어쩔 수 없었어요."

"저 양반 이젠 안돼요. 집으로 모시고 가서 마음이나 편안하게 잘 해줘요."

"의사 선생님, 제발 살려주세요. 저 양반 돌아가시면 큰일 나요. 어떻게 안 될까요?"

"방법이 없어요. 수술하기엔 너무 늦었어요."

"그러면 얼마나 더 사실 수 있나요?"

"잘해야 두어 달 이예요. 하루 세 번씩 이 봉지 안의 가루약을 먹이고 잠을 못 잘 때는 이 약을 한 알씩 더 먹여요."

그리고 의사는 자기 방으로 들어가 버렸다.

"선생님, 선생님, 어떻게 좀 도와주세요, 살릴 방법이 없겠어요?"

"제발 저 양반 좀 살려주세요, 네?"

어머니는 원장실 문을 두드리며 통사정했다. 그러자 곧 간호사 두 명이 나타나 어머니를 부축하다시피 하며 대기실로 끌고 나왔다. 혼이 나간 어머니는 약을 받아들고 대기실에 앉아 있던 아버지에게는 아무 말도 못한 채 집으로 돌아왔다. 아버지가 "의사는 뭐라고 하더냐"고 묻는 말에 그냥 다음 달까지 이 약을 먹으면 된다고 하더라고 얼버무렸다. 너무도 가슴이 아파 도저히 제대로 말해 줄 용기가 나지 않았던 것이다.

허깨비처럼 깡마른 아버지는 온종일 기침 때문에 숨도 제대로 쉬지 못하고 끊임없는 고통에 시달리며 잠도 앉아서 자야만 할 정도였다. 환자 본인에게조차 병명을 감추고 있던 소심한 어머니는 혼자서 벙어리 냉가슴을 앓으며 군대 간 아들까지 너무 충격을 받을까봐 그냥 요즘도 좀 안 좋으시다고 편지에 쓰곤 했다.

석씨는 뭔가 심상치 않음을 느끼고 몇 차례에 걸쳐 중대장에게 특별휴가를 신청했지만 보기 좋게 번번이 묵살 당했다. 그러다가 정기휴가를 보름 정도 남긴 어느 날엔가 거짓말 같은 아버지의 부음을 들었다.

그 후로 석씨가 군대를 제대할 때까지 먹장구름 속의 한 줄기 빛처럼 희망과 용기를 불어넣어 준 사람은 바로 성옥이었다. 종혁이는 학비 때문에 휴학하고 집안 살림은 형편없이 기울어 갔지만 성옥은 거의 매주 석씨에게 편지를 보내며 후일을 기약하고 애정을 차근차근 키워나갔다.

틈틈이 어머니까지 보살펴드렸던 성옥의 헌신이 없었더라면 어떻게 아버지가 돌아가신 후 이년간의 병영생활을 더 버티어 냈을지 돌이켜 보면 막막하기만 하다.

고뇌와 인고로 점철된 나날을 보내고 제대한 것이 늦은 겨울인 음력 이월이었다. 집에 돌아와 보니 그동안 부쩍 늙어버린 어머니와 고등학교를 졸업하고 전문대학에 진학한 종만이 만이 적막한 오두막을 지키고 있었다. 대학을 휴학한 종혁이는 군대에 자원 입대했고, 종만이는 읍내에서 막일로 아르바이트를 하며 생활하고 있었다.
그해 봄, 석씨는 다시 소작을 얻고 농협에서 얼마간의 돈을 빌려 축사와 돈사를 새로 고쳤다. 일 년간 재기의 발판을 닦은 후 이듬해 가을엔 손꼽아 기다리던 성옥과 결혼을 하고 휴학했던 두 동생들도 대학에 복학시켰다.

"종혁이와 종만이는 이제 그만 학교에 복학해라. 형이 너희들 뒤를 돌볼 테니 공부에만 전념해야 돼. 아버지께서 얼마나 기대가 크셨냐?"
"형님. 한동안 더 일해서 이번 등록금이라도 내가 마련할랍니다."

군대까지 다녀오느라고 휴학연수가 도합 4년째나 된 종혁이가 말했다.

"안 돼. 너무 오래 쉬면 따라가기 힘들어. 공부도 때가 있는 법이다."
"그리고 종만이는 전문대학이니 일 년 반만 더 다니면 졸업이잖아. 형이 대 줄테니 걱정 말고 졸업한 후 진로를 잘 찾아보도록 해. 너희들이 공부를 잘 마치는 것이 아버님의 뜻이 아니니?"

스물여덟 살의 한창나이에다 천성이 부지런했던 석씨는 항상 새벽 다섯 시면 자리에서 일어나 논배미의 물꼬를 보고 남들보다 앞서 모판을 짜고 김매기를 했다.

해가 진 후에야 논밭에서 돌아와 밤늦도록 집안일을 거두고 소 여물을 썰고 가축들을 제 새끼처럼 돌보았다.

그해 석씨가 얻은 너울재 너머 소작논은 바닷가에서 그리 멀지 않았다. 논가에 연해서 갯벌이 펼쳐져 있고 진등개와 구정개 사이로 물이 썰면 뻘의 속등인 벌등이 드러났다.

그리고 물이 들 때는 벌등이 조금씩 작은 섬으로 졸아들다가 이내 갱물 속으로 사라져 버리곤 하는 것이었다.

갯벌에서도 잘 자라는 빌레나 행자나무만 군데군데 녹색으로 덮여 있는 널따란 뻘을 바라보며 석씨는 생각하고 또 생각했다. 이런 소작농을 아무리 열심히 부쳐봐야 평생 논 이삼십 마지기 장만하는 것도 하늘의 별 따기일 것이다.

진등개와 구정개만 막으면 한꺼번에 사만 평 이상의 농지가 생겨날 것이다. 이백 마지기가 넘는 논이 만들어진다면 삼, 사 년간 염분을 뺀다 할지라도 오 년 안에 옥토로 가꿀 자신이 있었다.

단지 진등개와 구정개의 깊이가 깊지 않고 뻘의 경사도 심하지 않으므로 두 곳 중 한 곳의 개 밑에 돌멩이로 물밑 둑을 쌓아 놓으면 여름철 장마 때 빗물에 떠내려 온 토사가 둑에 갇혀 수심이 낮아질 것이다. 그리고 이듬해 둑을 조금 더 높이면 토사를 더 많이 모을 수 있을 것이고 이를 일, 이년간 반복한 후 본 제방을 막고 나면 경사가 거의 없는 아주 좋은 논으로 만들 수 있을 것이다.
나머지 한쪽개는 제방을 쌓은 다음 작은 수문을 설치하여 담수호로 활용하면 될 것이었다.
그 해 가을은 논농사 밭농사도 호황이어서 풍작을 이룬 고구마도 수확하는 즉시 좋은 가격에 수매가 이루어졌고 쌀값도 만족할 만해서 가을걷이가 끝난 후 마당 한 귀퉁이에 틀어둔 짚눌과 백 가마짜리 나락 통가리를 바라보는 석씨의 구릿빛 얼굴엔 한 해 동안 고생한 보람이 깃들었다.
가을걷이를 끝내고 석씨는 군청을 방문하여 간척사업의 인가 절차에 대해서 알아보았다. 마침 제 삼차 경제개발 5개년 계획이 시작되고 있었고 국토확장과 식량증산의 목적으로 간척사업이 적극 장려되고 있는 시점이었다.
그리고 새로 발족된 '농어촌진흥공사' 로부터 자금과 기술에 대한 지원을 받을 수 있다는 사실도 확인했다.
용기를 얻은 석씨는 그날 밤 자신의 계획을 아내 박씨에게 털어놓았다.

"여보, 너울재 넘어 진등개와 구정개를 막아서 간척을 해 볼 생각이오. 한 십년쯤은 고생을 해야겠지만 이백 마지기가 넘는 논을 기필코 만들어 볼 결심이오. 알아보니까 관청에서도 조건만 맞으면 허가를 내 준다 하오."
"당신이 하고 싶으시다면 조금이라도 젊어서 시작해 보시지요. 당신만큼 성실한 사람이 한다면 안 될 일이 뭐가 있겠어요?"

"하지만 큰일을 벌여놓으면 아무래도 당신과 태어날 아이들에게 소홀해 질까봐 걱정이오. 더구나 어머님의 건강도 시원치 않으니 영 마음이 놓이지 않는구려."

"저도 젊잖아요. 뱃속의 아기는 제가 맡아서 낳고 기를 테니 집안 일일랑 걱정 마시고 한번 꿈을 펼쳐 보세요. 젊어서 고생은 사서도 한다지 않아요?"

"고맙소. 내 나이 사십 줄이 되면 당신을 더 이상 고생시키지 않고 부자 소리를 꼭 듣게 해 주겠소. 간척을 시작하면 좋은 일 나쁜 일 다 생기겠지만 나를 믿고 한 십년만 꼭 참아주구려."

간척사업 신고서를 군청에 접수시킨 다음 허가를 받기까지는 꼭 넉 달이 걸렸다. 높은 사람을 접대하는 일에 익숙하지 못했던 석씨는 처음으로 관청의 담당자들과 읍내 색시집에 가서 밤늦도록 술도 마시고 화투도 쳐 보았다.

눈에 넣어도 아프지 않을 오백 원짜리 지폐 다발까지 노란 서류봉투 속에 그득 채워서 건네곤 했지만 그런 날이면 괜한 가슴이 뛰어 잠들지 못하고 밤새 몸만 뒤척이곤 했다.

간척 허가를 받자마자 봄부터 석씨는 경운기로 건너편 황씨네 야산의 돌덩이를 갯가로 운반하기 시작했다. 황씨는 애물단지인 돌덩이들을 파내 끌어가는 석씨가 한없이 고마웠다. 돈 한 푼 받지 않고 아무 쓸모없던 경사진 야산을 밭떼기라도 부칠 수 있게 조금씩 평지로 골라주는 석씨가 마냥 미덥기만 했다.

시간이 갈수록 더욱 무안해진 황씨는 행여 들킬세라 멀리서 석씨의 작업을 뿌듯한 마음으로 슬금슬금 훔쳐볼 뿐이었다.

뻘 입구에 쌓아놓았던 돌멩이 더미는 품앗이 꾼들을 들여서 썰물을 탈 때 진등개에 쏟아 부었다. 원래 뻘 바닥이 무른지라 몇 달을 계속했어도 거의 헛일인 것처럼 보였다. 그러나 석씨는 한편으로 부지런히 농사를 지으면서도 이 일을 쉬지 않고 계속했다.

이듬 해 초여름에는 인건비를 감당할 수 없어 소를 한 마리 팔아야만 했지만 바다를 조금씩이나마 막아가고 있다는 보람이 소를 팔았다는 서운함보다 더욱 컸다.

그리고 장마가 끝난 다음엔 날물 때 부쩍 얕아진 진등개의 밑바닥을 직접 확인할 수 있었다. 황토지대인 이 일대는 비만 오면 토사가 떠내려가 냇물이 온통 황토색이었다. 몸은 한없이 고달팠지만 물이 썰면서 진등개의 넓이가 종전보다 훨씬 넓어진 것을 본 석씨는 참으로 기뻤다. 넘쳐흐르는 보람으로 온 몸이 뿌듯해 왔다.

"여보. 성공이오. 내 예상대로 진등개 밑에 토사가 쌓여 갯벌이 넓어지고 있소. 이제 일 년만 더 고생하면 진등개는 몽땅 뻘 바닥이 될 것이오."

"정말 수고하셨네요. 삼촌들도 형님이 너무 고생하신다며 걱정들이 크던데 이 소식을 빨리 전해야 되겠어요."

"되지도 않을 일을 꾸밀 형이 아니라고 꼭 전해 주구려. 하하하…"

삶이란 이런 것인가! 뼈를 깎는 고통의 뒤에 따르는 열매란 이렇게 단 것인가!

아내와 단란한 자리를 마련한 석씨는 오랜만에 돼지고기 김치찌개에다 막걸리를 두 주전자나 들이키면서 즐거워했고 젖먹이 훈이를 안고 있던 박씨도 남편의 성공예감으로 어린애처럼 마냥 행복에 겨웠다.

가을 추수가 끝나고 겨울이 되면서 석씨는 작업량을 두 배로 늘렸다. 경운기도 한 대 더 장만하고 매일같이 일꾼들을 사서 겨우내 쉬지 않고 돌덩이를 날랐다.

황씨네 야산과 갯가가 멀지 않아 하루에도 제법 많은 양의 돌덩이를 운반할 수 있었고 이듬해 봄에는 날물 때 진등개를 걸어서도 건널 만큼 돌둑은 점점 높아져 갔다.

군청 건설과의 김 계장이 서류를 만들어 오면 융자금을 돌려주겠다고 제의했지만 석씨는 미리부터 빚을 내는 것이 좀 꺼림칙하기도 해서 능력이 닿는 만큼은 조금씩 혼자 힘으로 밀어붙여 보고 싶었다.

이년 전 첫 아들 훈이를 얻고 나자 집안에는 좋은 일만 생겼다. 어머니의 건강도 좋아졌고 석씨의 바로아래 동생인 종혁이는 이름난 시중은행의 중견사원으로 일했다. 둘째 동생인 종만이도 전문대학을 졸업하자마자 곧 큰 건설회사에 취직하였다. 중학교만 졸업하고 곧바로 살림을 떠맡다시피 했던 석씨에게 십년이 넘도록 빨판상어처럼 거추장스러웠던 동생들의 학비부담이 마무리되자 한층 더 간척사업에 진력할 여력이 커졌다.
아내 박씨는 천성이 석씨처럼 부지런해서 노모를 극진히 모시고 고된 농사일과 함께 힘든 집안일도 잘 꾸려 나갔다.
그동안 틈틈이 넓혀와 이제는 삼천평이 넘는 밭에서 재배한 마늘과 양파는 비싼 값에 도리로 밭떼기들에게 넘겨졌고 가을걷이가 끝나면 곧바로 이모작 보리를 파종했다.
소는 다시 열 마리로 늘었고 아내 박씨가 밤마다 드럼통을 실은 경운기로 읍내 여러 식당에서 거두어온 잔반으로는 돼지를 삼십 마리나 넘게 칠 수 있었다.
모든 것이 순풍에 돛 단듯하던 석씨에게 첫 번째의 크나큰 시련이 닥친 것은 태풍에다 백중사리까지 겹쳤던 이듬해 팔월이었다.
서 있기도 힘들 정도로 매섭게 몰아치는 폭풍과 함께 한 치 앞을 분간하기 어려운 장대비가 밤새도록 쏟아졌다. 폭우를 견디지 못한 건너편 턱골 언덕 한 쪽이 무 썰 듯 떨어져 나갔던 그날 밤, 범람하는 흙탕물 홍수와 사리가 끌고 당기면서 진등개를 막았던 돌둑은 형체도 없이 휩쓸려 사라졌다.
이 년간 쌓아왔던 돌길은 무너져 갱물 밑에 잠겨있고 날물 때 드러난 진등개의 모습은 이삼일 전의 모습이 아니었다. 다만 그동안 높아진 뻘 바닥으로 인해 갯벌은 훨씬 넓어지고 들물과 날물이 교차하는 물길은 부쩍 얕아져 있었다.
사나흘 후, 실의에 빠진 석씨를 찾아온 사람은 군청의 김 계장이었다.

"여보시오, 석씨. 간척사업이란 그렇게 하는 것이 아니라오. 간척 허가도 받았으니 농어촌진흥공사의 자금을 융자받으시오. 지금 논값이 얼만데, 간척이 끝난 후 일부만 팔아 상환해도 당신은 큰 부자가 될 것이오. 일백 마지기만 팔면 융자금을 죄 갚고도 남겠소."

"김 계장님, 말씀은 참 고맙지만 제힘 닿는 데까지 일을 다시 해 볼 생각입니다."

"그러다가는 어느 천년에 물골을 다 메우고 둑을 쌓겠소? 욕심 그만 부리고 내가 잘 처리해 줄 테니 융자를 받아 빨리 공사를 마치는 게 신상에 좋을 게요."

"글쎄, 저는 큰 빚을 아직까지 내 본 적이 없어서… 잘못 빚을 얻으면 집안이 망한다고 하던데 그게 걱정입니다."

"그게 무슨 소리요. 아무나 공사 돈을 쓸 수 있는 것도 아니잖소. 지금 석씨네 밭이 삼천평 가까이 있다지만 값으로 치면 얼마어치나 되겠소? 그것만 담보로 넣으면 내 그 밭 값보다 훨씬 큰돈을 만들어 줄 테니 얼른 공사를 끝내시오. 그리고 제대로 농사를 짓기 시작하면 몇 년 안에 빚을 다 갚을 수 있지 않겠소?"

"고마운 말씀이오. 집사람과도 의논을 해 볼 터이니 사나흘만 기다려 주시구려."

"잘 생각해 보시오. 옹고집 부려 길게 고생만 하지 말고 이것도 사업이려니 하고 요령껏 하는 것이 좋을 것이오."

그 날 밤 석씨는 아내에게 조심스럽게 말문을 열었다.

"여보, 군청 김 계장이 농어촌진흥공사 융자를 얻어다가 간척 일을 조속히 매듭짓는 게 어떠냐고 합디다."

"글쎄, 좋은 생각이긴 한데 이자가 좀 비싸다지요?"

"사년 거치 십년 분할상환에 연리 팔 프로라 하던데, 그래도 시중 은행의 금리보다는 한 오 프로가 싸다고 합디다."

"욕심이 크면 화를 부른다지요. 이자를 제때 못 갚으면 이자에 복리가 붙어요. 조금씩이나마 우리 형편대로 하는 것이 낫지 않을까요?"

"나도 그런 생각이요. 하지만 물막이 작업이 자꾸 늦어지다 보니 이번처럼 홍수 피해를 당하는 것이 아니겠소? 어찌 생각하면 정부에서 밀어준달 때 융자금을 좀 받아서 조속히 공사를 마치는 것이 더 나은 방법인지도 모르겠소."

"모든 것은 당신의 판단대로 하세요. 남편이 품은 큰 뜻에 따르는 것이 아내 된 도리라고 믿어요. 제가 해야 할 집안일은 혼자서 다 할 테니 조금도 개의치 마시구요."

밤새 고민하던 석씨는 이튿날 아침 일찍 군청으로 김 계장을 찾아갔다. 그리고 밭과 집의 토지 등기부 등본, 사업 계획서 등을 제출하고 이십 일 만에 오천만 원의 융자금을 수령하였다.

하지만 무슨 수수료 일백만 원과 그동안 일을 보아준 농어촌진흥공사 관계자, 군청 김 계장과 건설과 직원들에게 들어간 사례금 일백오십만 원을 공제하고 사천칠백오십만 원을 손에 쥘 수 있었다.

석씨는 소작 농사를 그만두고 간척사업에만 본격적으로 매달렸다. 그 동안 사용했던 경운기 대신 덤프트럭이 오가고 황씨네 야산에는 커다란 불도저가 투입되었다. 진등개와 구정개에 이르는 갯벌에는 토사로 메워진 임시도로가 새로 뚫리고 한 켠에서는 통나무를 갯벌 바닥에 때려 박는 물막이 초입공사가 계속되었다.
설계와 공정에 따라 공사가 진행된 지 칠 개월만인 이듬해 봄이 되자 진등개는 완전히 메꾸어지고 구정개에는 커다란 수문 여섯 개가 만들어진 후 그 위로 흙으로 만든 도로가 연결되었다. 구정개를 담수호로 이용하기 위한 준설공사가 진행되고 갱물이 빠져나간 갯벌에는 제염을 위한 도랑이 질서정연하게 만들어 졌다.
이와 함께 뻘 바닥에 석회를 대량으로 투입한 후 그 위에다 황토를 뿌려 넣는 개답 공사가 이어졌다.
인부와 장비의 사용량이 늘자 경비의 지출도 커졌다. 같은 해 여름으로 접어들면서 석씨의 통장에는 고작 일천칠백만 원이 남아있을 뿐이었지만 염분을 빼고 개답을 하는 일은 공정표대로 되질 않아서 앞으로 몇 달이나 더 공사를 진행해야 될지, 공사비는 얼마나 더 들어갈지 정확한 가늠을 할 수는 없었다.
둑이 점점 높아지고 구정개 입구가 커다란 노깡 6개로 막아진 그해 십이월, 석씨의 통장은 바닥을 드러냈다. 그리고 동시에 그토록 염원했던 사만여 평의 갯벌 바닥도 완전히 제 모습을 드러냈다. 희비가 교차한 석씨는 다시 김 계장을 찾아갔다.

"김 계장님, 이년만에 물막이 공사는 거의 다 마쳤지만 아직도 논을 치려면 할 일이 많이 남았네요. 그러다 보니 지난번 융자받은 공사비가 바닥나서 추가 융자를 이천만 원 정도만 더 뽑았으면 합니다."

"여보쇼, 석씨. 작년에 당신네 밭과 집을 담보로 돈을 뽑았으니 이번엔 무엇으로 추가담보를 넣을 라요? 공사에 말은 해 보겠지만 맨손으로 돈을 더 빼기는 힘들 거요."

"계장님, 일이 거의 다 되어가니 한 번만 힘써 주세요. 내년에 공사를 끝내고 취득세하고 농지세만 물고 나면 농협에서도 영농자금을 돌려준다 하니 시간만 문제이지 실은 어려울 게 없지 않나요?"

"내 당신의 딱한 사정을 잘 말해 보겠소. 하지만 일이 잘되면 나에게 두둑이 사례를 해야 하오. 이미 담보가 한번 들어간 재산을 재담보로 쓰긴 어려운게요. 실은 지난해에도 당신네 땅값보다 훨씬 더 많은 돈을 뽑아 썼지 않소?"

"모쪼록 잘 부탁합니다. 일이 거의 다 되었는데 제발 한번만 더 도와주십시오. 은혜는 잊지 않겠습니다."

돌아오는 길에 석씨는 읍내 대폿집에 들러서 오랜 친구인 한씨를 불러내 막걸리를 두 되나 넘게 마셨다. 이렇게 아쉬운 소리를 해보기는 군대에 있을 때 아버지의 병환 소식을 듣고 중대장에게 휴가를 달라고 통사정한 이후 처음이었다. 야속한 중대장이 겨우 휴가를 내준 것은 아버지의 부음을 접한 후였다.

김 계장이 꼭 이번 부탁을 들어주어야 할 텐데, 군 시절의 악몽이 떠올라 답답해진 석씨의 이마엔 진땀이 흘렀다.

예상보다 공사비가 더 들어간 이유는 갑자기 기름값이 비싸진 탓도 있었지만 보다 철저한 계획을 세우지 못한 탓도 있었다. 그리고 앞으로 이천만 원만 더 들어가면 될 듯싶었지만 실제로는 논다운 논이 될 때까지 얼마나 돈이 더 들지 종잡기가 어렵고 막연한 불안감만 앞섰다.

기다리던 추가융자 소식이 온 것은 그 후 보름이나 지나서였다. 이천만 원을 더 받기로 했지만 어려운 내부 작업이 있었으므로 선이자를 비롯한 각종 비용으로 이백만 원을 제하고 일천 팔백만 원만 입금되었다는 전갈이었다. 좀 서운하기는 했지만 공사는 바로 재개할 수 있었다. 인부와 장비를 줄이고 힘든 일은 석씨혼자 도맡아서 했다. 홀로 밤늦도록 트랙터로 제연 도랑을 치고 석회 부대를 경운기로 퍼 날랐다.

아마도 제방과 수문이 완성된 그때쯤이 실제로는 석씨가 그토록 열망했던 준공 시점이었겠지만 지금도 그는 준공일이 언제였는지조차 기억하지 못한다.

수문이 처음으로 열리던 날 그에게는 오로지 더는 큰돈이 들어갈 곳이 없어졌다는 사실만이 조그마한 보람으로 지나쳤을 뿐이다. 그러나 경사진 뻘을 고르는 불도저의 비용도 만만치 않아서 그토록 절약을 하고 온몸으로 버티어 보았지만 이듬해 봄에는 나머지 돈마저 몽땅 바닥이 나고 말았다. 아내 박씨가 지난 가을 밭 경작으로 수확한 야채를 판돈이 이백만 원 가량 남아있을 뿐이었다.
하지만 석씨는 마치 신들린 사람처럼 널따란 뻘밭을 고르고 또 고르며 경운기로 황씨네 야산에서 직접 운반한 황토 흙으로 개토를 거듭했다.
이듬해에는 봄철 내내 빗물에 염기가 잘 씻겨 나가도록 도랑을 치면서 논둑을 높이고 농기계가 들어갈 수 있게 농로를 돋구었다. 초여름에 접어들자 그토록 척박했던 갯벌에서도 잡풀들이 하나씩 싹트기 시작했다.

"앗! 풀이다!"

무심코 지나치다가 어느 날 불현듯 여기저기 돋아난 잡초들을 본 순간 석씨는 흡사 뒤통수를 망치로 얻어맞는 것 같았다.
검은 뻘밭 속에서 피어난 녹색 잡초들은 지칠 대로 지친 석씨에게 한 줄기 빛처럼 희망과 용기를 쏟아부어 주었다. 끝도 없이 뼈를 깎는 것 같던 지난 칠 년간의 온갖 우여곡절이 먼 꿈속의 일처럼 아득하게 느껴졌다.
그동안 죽어있던 흙들이 모조리 푸른 생명으로 우르르 살아나 품안에 뛰어드는 듯 했다.
땀과 희망으로 뒤범벅된 한 해를 넘기고 다음해엔 듬성듬성 모내기를 시도해 보았다. 그러나 작황은 아직 형편없었다. 그런대로 추수라고 일컫기에는 이후 이 년이란 세월을 더 견뎌내야만 했다.

다행히 여섯 살 난 딸 진이와 여덟 살이 된 아들 훈이가 잔병치레 없이 건강하게 자라고 일곱 마리의 소와 스무 마리가 넘는 돼지를 아내 박씨가 잘 거두어 주는 덕분에 가사에는 아직까지 큰 어려움이 없었다.

첫 번째 모내기를 하던 해에 농어촌진흥공사 융자금의 이자에 대한 고지서가 나왔다. 매달 사십 만 원씩을 내다가 이듬해 말에는 오십오만 원이 되었다. 첫 모내기를 할 때만 해도 모판에다 이앙기를 사용하는 데 오백만 원이 넘는 비용이 들었지만 추수는 거의 보잘것없었다. 이자에다 영농비를 마련하자니 새끼 같던 가축들을 속속 팔아 치워야만 했다.

두 번째 모내기를 하고 난 다음 석씨는 눈덩이처럼 불어나는 비용을 더는 감당할 수 없었다. 농지세를 납부하고 농협에서 간척지를 담보로 얼마간의 영농자금을 빌렸다. 그것으로 일 년 간 버텼지만 또다시 추가자금을 빌릴 수밖에 없었다.

해마다 이런 일이 반복되었다. 간척지에서 농사를 시작한 지 오 년 만에 추수다운 추수를 했다. 그러나 나락을 수매한 돈으로는 이자만 갚기에도 역부족이었다.

해가 지나면서 점점 농토는 안정되고 수확량은 늘어갔지만 아무리 나아가도 다가설 수 없는 신기루처럼 원리금의 연체는 거듭되었다.

하지만 당시까지만 해도 석씨는 결코 희망을 버리지 않았었다. 비록 모든 전답과 집이 담보로 잡혀있긴 했지만 이렇게 나락수확량이 점차로 많아지면 한 오 년 후쯤에는 이자를 충분히 갚고 조금씩이나마 원금상환이 가능해질 것이라고 믿었다.

때가 되면 지금까지 서럽도록 고달픈 세월만을 감내해온 아내에게 물심양면으로 보답하고 남다른 호강을 시켜 주리라!

사실 간척을 시작한 후 십여 년간 아내 박씨는 석씨의 가장 든든한 후원자이자 절벽의 동굴처럼 언제나 아늑하고 포근한 마음속의 둥지였다.

그동안 너무나 고생만 시켜 이제는 좀 편안하게 해 주고 싶었지만 아직은 다람쥐 쳇바퀴 돌리듯 돌아오는 갖가지 고지서에 정신을 차리지 못할 지경이었다. 그렇지만 나락 수확량이 두 배 이상으로 늘어날 오 년 후에는 모든 것이 원만히 해결될 것 같았다.

당연히 논값과 쌀값도 과거처럼 계속 오름세를 탈것으로 믿었다.

그 후, 강산도 변한다는 십 년의 세월이 다시 유수처럼 흘러갔다.

어언 반백을 훨씬 넘긴 석씨의 주름살 깊어진 얼굴에는 수심만이 가득했다.

널따란 그네 집 마당에는 밴, 이앙기, 트랙터, 콤바인, 경운기, 건조기 따위가 가득 들어차있지만 일손을 구하기 어려워 할 수 없이 농기계회사나 축협, 농협의 융자로 구입한 것들이라서 서류상의 주인은 모조리 다 따로 있는 셈이었다.

사십 킬로 조곡의 올해 수매가는 오만 원이 채 안되고 그나마 수매량까지 극히 한정적이었다. 주판알 퉁겨보나 마나 금년 역시 적자농사인 것만은 너무도 뻔했다. 논배미마다 보기 드문 풍작에 잘 익은 벼들이 파도처럼 황금빛으로 너울치고 있지만 석씨의 앙상한 빗장뼈엔 짜디짠 땀방울만 고일 뿐이다.
십 년 전만 해도 간척지 논 열 마지기와 맞바꾸자고 졸라대던 건너편 황씨네 야산에는 이삼 년 전 무슨 캐슬인가 하는 콘도가 들어서고 그 앞에다 식당건물까지 지은 황씨네는 읍내에 으리으리한 이층집을 새로 지었다.
그 경사졌던 언덕배기 자갈밭을 수 삼 년간 피땀 흘려가며 평지로 만든 석씨는 저 멋진 캐슬콘도의 터 닦기 공사만 몽땅 해준 꼴이 되고 말았다.
지금도 가끔씩은 그때 좀 무리를 해서라도 담보를 풀고 간척지 논 열 마지기와 황씨네 야산과 바꾸었더라면 팔자를 고쳤을 텐데 하는 허황된 생각이 들곤 한다.
읍내 고등학교에 통학할 때까지만 해도 모범생축에 들던 아들 휴이와 딸 진이가 서울에 있는 대학에 들어간 후로는 부모의 생활이나 고뇌에 대해선 별로 관심이 없는 것 같았다.
방학 때 며칠씩 집에 머무르는 것 이외에는 도무지 다른 세상에 살고 있는 이방인에 다름 아니었다. 추석명절이라고 겨우 집에 왔어도 핸드폰과 붙어있던가 하루 종일 컴퓨터와 토닥거리며 지내는 것이 전부였다.
무슨 말이라도 좀 걸어볼라치면 어쩐지 건성으로 대답하는 것만 같고 마음 한쪽은 언제나 보이지 않는 뭔가에 흠뻑 빠져있는 모습이 역력했다.

한가위랍시고 오랜만에 고향을 찾아준 동생들이었지만 서울의 유명은행 지점장인 종혁이에게 돈 이야기를 꺼냈던 어제의 일이 영 마음에 걸렸다.

"지금 갖고 있는 전답을 담보로 해서 끌어다 쓴 돈은 원금과 연체이자를 합해 십억 원이 훨씬 넘는다. 자금을 융통할 수만 있다면 한꺼번에 다 갚고 나서 다시 담보로 제공해 융자를 뽑으면 지금보다는 싼 이자를 물어도 된다는데, 너희 은행에 도움을 청하면 혹시 안 되겠나?"

"형님, 요즘 금융기관의 사정이 매우 어렵습니다. 담보가 설정되어 있는 상태에서는 재융자를 받기가 불가능한 지 오래되었지요. 그리고 설령 돈을 구해 빚을 갚는다 해도 갚고 나서 다시 융자를 받을 때는 지금 걸려있는 액수보다 훨씬 적어질게 뻔하지요. 요즘 농지가 똥값인 것을 모르십니까?"

"그나저나 원금과 이자가 너무 밀려서 갚지 않으면 곧 경매가 들어온다니 하도 답답해서 하는 말이다."

그때 건설회사에 다니는 종만이가 거들었다.

"형님, 농사나 지으며 살던 때는 지나갔습니다. 경매에 부치도록 그냥 두시지요. 빚 얻어서 빚을 막으면 곧 망하는 것은 자명한 이치지요. 정부에서도 논농사를 짓지 말고 휴농 보상금이나 받으라고 하지 않아요? 이제 더는 쌀을 쌓아둘 곳도 없답니다. 공산품 수출하여 모두가 지금처럼 잘 먹고 살려면 농산물개방 같은 것은 하지 않을래야 안할 수 없지요."

"그럼 나와 네 형수는 앞으로 어떻게 살아가야 되겠니?"

"이까짓 농사 다 잊으시고 경매처리 된 다음에 서울로 올라오세요. 도시 영세민으로 등록하면 형님이 먹는 소줏 값하고 쌀값은 정부에서 그냥 줘요. 의료비도 완전 무료라서 입원만 하면 먹고 자고까지 모조리 공짜지요. 그리고 어머님을 모시고 사시니 재수 좋으면 영구임대아파트에 들어갈 수도 있어요. 한 달에 몇만 원씩만 내면 형님 집이나 매한가지지요."

그러자 종혁이가 말했다.

"잘사는 동네의 아파트 경비원으로 일할 수 있도록 도와드릴게요. 친구가 큰 아파트단지 관리소장으로 있는데, 대형평수라서 팁도 꽤 짭짤하다고 하던데요."

동생들은 추석날인 어제아침 차례를 올리자마자 길 막히기 전에 서둘러 출발한다고 음복도 하지 않고 휑하니 떠났다.

박씨가 징성껏 만든 차례 음식과 석씨가 야산에서 직접 따온 감이나 밤과 같은 과일도 준비했었지만 극구 마다해서 겨우 간척지 쌀 한 포대씩을, 그것도 사정하다시피 하며 실어줄 수 있었다.

하지만 승용차 트렁크에 넣어준 사십 킬로그램짜리 햅쌀 한 포대씩도 별로 달가워 하지 않는 게 분명했다. 쌀벌레가 생길까 봐 창고에 보관할 일이 걱정이라며 내쉬는 제수씨들의 한숨 소리를 듣고 석씨 부부는 황망하기만 했다.

아까 꾸었던 불길한 꿈 때문에 석씨는 잠을 더는 이룰 수 없을 것 같았다. 새벽이 되어 서쪽으로 기운 한가위 달은 휘영청 밝은 빛으로 들창을 비추고 옆자리의 아내 박씨는 추석맞이에 피곤했던지 아직도 곤히 잠들어있었다.

건넌방의 노모께서 기침을 쿨럭쿨럭 해대는 것이 아무래도 조석으로 쌀쌀한 초가을날씨에 고질 해소기가 다시 도지셨나 보다.

석씨 모친께서는 아버지가 돌아가신 후 더욱 독실한 불교신자가 되셨다. 아버지가 돌아기신 후 천일제를 모시고도 몸이 성하던 오년 전까지는 거의 빼지 않고 한달에 두 번씩 아버지 위패를 모신 절에 다녀오셨다. 아마도 병이 깊어질 때까지 제대로 돌봐드리지 못했다는 미련이 지금까지도 남아있는게 분명했다.

그리고 거동이 불편하신 요즘도 꼭 초 하루 삭망으로 아침이면 정한수를 떠 놓고 반야심경과 천수경을 외우신다.

아침이되면 건너편 캐슬 콘도에서 형형색색의 옷을 갖춰입은 사람들이 와르르 쏟아져 나올 것이다. 그 사람들이 몰려들기 전에 영목 부둣가로 나가 게르치나 배드미 새끼라도 몇 마리 낚아다가 싱싱한 세꼬시를 떠 아내와 소주라도 한잔 기울이고 싶었다.

잠자리에서 슬며시 빠져나와 바닷가로 향하는 석씨의 구부정한 어깨 너머로 오곡백과가 무르익는 팔월 열엿새 날의 여명은 밝아오고 있었다.

〈小說〉

남양의 절벽위에 서다

"스트라이크!"

곁에 있던 '죠이'의 날카로운 고함소리와 동시에 철봉 굵기의 300호 장대가 활처럼 휘어지며 낚싯대를 꽂아둔 용암의 거친 틈바구니에서 '뿌지직' 하는 소리가 났다.

순간, 거의 반사적으로 낚싯대를 뽑아 세웠지만 상상을 초월하는 괴력에 몸의 균형을 유지하기조차 힘에 겨워 무의식적으로 너 댓 걸음이나 뒤로 물러섰다.

스풀을 닫고 드랙을 조이며 제압을 시도했으나 쌔액- 하는 비명과 함께 머리통만한 '다이와 인퍼니트' 릴의 휠이 무서운 속도로 역회전한다.

이러한 상황에서는 어떠한 시도도 해볼 수가 없다. 오직 가능한 한 안정된 자세로 버티며 힘겨루기를 시작할 기회가 오길 기다릴 뿐이다.

마구 역회전하는 휠을 제어하기 위해 재빨리 드랙을 좀 더 조이자 낚싯대가 거꾸로 처박힐 기세다. 육중한 '인퍼니트' 릴에 감긴 케블러 합사 12호 원줄의 길이는 겨우 200m정도다. 그런데 벌써 100m나 넘게 차고나갔다. 줄이 다 풀려 나가도록 제압을 못한다면 그 순간 원줄이 끊어지거나 낚싯대가 박살나거나 아니면 통째로 뺏기거나 셋 중 하나일 것이다.

그토록 꿈에 그리던 남양 절벽에서의 사투는 바야흐로 시작되었다. 서울에서부터 4000km가 넘게 날아와 이 외딴 섬의 깎아지른 절벽 위에서 벌어진 남태평양 거물과의 한판 승부…

절벽의 높이만 무려 10m가 넘는다. 2~3m 높이의 세찬 파도도 까마득한 발 밑에서 부서질 뿐이다.

150파운드의 엄청난 장력을 자랑하는 12호 케블러 원줄이 금방이라도 끊어질 듯 위태롭다. 반원을 그린 낚싯대를 한껏 치켜세우고 휘청거리며 온몸으로 버티는 모습이 너무 불안한지 '사이판' 에서부터 따라온 현지 낚시가이드 '페트리' 가 잔뜩 웅크린 채 뒤에서 내 허리를 감싸 안았다.

200미터나 감겨있던 줄이 거의 다 풀려나간 후 드랙을 좀 더 조이고 줄을 모으기 위해 조금씩 힘겨운 릴링을 시도했다. 힘껏 낚싯대를 뒤로 젖혀들자 5미터 길이의 탄탄한 300호대가 '오메가' 모양으로 휘어진다. 딱 부러지기 직전이다.

순간 갑자기 낚싯줄이 탁 풀리는 바람에 하마터면 뒤로 나가떨어질 뻔 했다. 줄이 끊어져버렸나 싶었는데 별안간 정면으로 치달으면서 순간적으로 잡아끄는 무서운 힘에 허리를 끌어안고 있던 '페트리' 가 아니었으면 그대로 앞으로 엎어질 뻔 했다.

헉헉거리며 간신히 몸의 균형을 잡자마자 이번엔 오른쪽으로 달아나며 위로 치솟아 올라 일순간 오른쪽으로 비스듬히 눕히고 있던 낚싯대와 줄이 직선상에 놓일 뻔 했다. 낚싯대와 줄이 직선상으로 정렬되면 낚싯대의 탄력을 이용하지 못하기 때문에 그 순간 원줄이 터지는 것은 정한 이치!
얼른 스풀을 젖히고 스르륵 줄을 풀어주면서 낚싯대를 수직으로 세웠다. 그리고 재빨리 스풀을 닫으며 뒤쪽으로 잡아채자 어느새 직하방으로 방향을 바꾼다. 이건 도무지 정신을 차릴 수 없다. 벌써 후들거리기 시작한 내 팔다리의 힘이 이토록 보잘 것 없었는지 예전엔 미처 몰랐었다. 이 순간을 기다려 오랫동안 역기와 아령으로 팔 근육을 단련시켜 왔는데…
연신 삥삥거리며 신음하는 낚싯줄도 그렇고 300호나 되는 굵은 낚싯대까지도 마디마디에서 뿌드득 뿌드득 비명을 지르는 것이 아무래도 끝까지 버티어 줄성싶지 않았다.
접전 10분 만에 나는 손발이 다 부들부들 떨리고 전신에 땀이 비 오듯 흐르는데 그 괴물은 조금도 지칠 줄을 몰랐다. 원줄이 다 풀리면 그 순간 게임은 패전이다. 이젠 고작 20미터 정도밖에 남아있지 않아 드랙을 좀 더 조이고 이를 악물어가며 릴링을 시작했다.
그래도 삑삑거리며 역회전이 계속된다. 내가 죽을 힘을 다해 감아들이는 속도와 역회전으로 풀려나가는 속도 중 어느 것이 더 빠른지 전혀 예측이 불가능했다.
한참을 씨름하다가 정신을 차리고 보니 이번엔 자로 잰 듯 벼랑의 왼쪽 모서리로 치닫는다. 중간에 날카로운 암초가 수면 위로 솟아있는 곳까지 불과 30미터밖에 안 남았다.
그 녀석이 암초 뒤쪽으로 낚싯줄을 감아 도는 순간 곧바로 모든 상황은 끝난다. 사력을 다해 릴링을 시도해보았으나 역부족이다. 더

빨리 릴을 돌릴 순 없었다. 급한 김에 마구 뒷걸음질을 치자 후방의 깊은 바위틈을 발견한 '죠이' 가 고함친다.

"데인져 ! 데인져 ! 테이크 케어…"

위험을 직감한 '페트리' 가 달려와 미리 돌 사이에 쇠말뚝으로 고정시켜둔 로프의 한쪽 끝을 내 바지벨트에 잽싸게 걸어주었다.
위기를 넘기자 곧바로 기회가 왔다. 녀석이 우리 쪽으로 방향을 틀어 서서히 줄이 느슨해지고 있었던 것이다.
'이때다!' 하고 손쉽게 이삼십 미터나 드르륵 감아 들였다. 이로써 그 괴물이 다시는 암초를 감아 돌지 못하게 조치했다고 잠시나마 안도할 수 있었다.
이젠 한숨 돌렸나 싶었는데 또다시 '쌔액' 소리와 함께 휠이 역회전하며 순식간에 삼사십 미터나 도로 풀려나간다. 그러나 휠이 돌아가는 속도가 처음보다는 좀 느려진 것 같다.
요행히 녀석도 진로를 암초 반대방향으로 바꾸었으므로 몸의 균형을 유지하고 호흡을 가다듬으며 차분하게 지구전으로 가기로 마음먹었다.
눈의 초점을 수평선에 맞추고 심호흡으로 흥분을 가라앉히며 시나브로 힘 빼기 지구전에 돌입했다. 시간이 흐르며 마구잡이식 격돌은 조금씩 뜸해졌다. 사실 내가 지치는 만큼 그 녀석도 조금씩 지쳐갈 게 분명했다.

이럴 때 '스콜' 이라도 시원하게 한 번 퍼부어주면 좋으련만, 새파란 하늘아래 수평선에 걸려있는 뭉게구름만 오월의 장미처럼 석양에 눈부시다.

녀석과 격전을 시작한지 벌써 30분이 지났다. 낙조에 물들어가는 저녁하늘에 붉은 노을이 깔린다. 감청색 남태평양의 외로운 섬에 아름다운 황혼이 진다.

이 괴물은 아직도 벼랑아래 150미터나 멀리 떨어진 곳에서 나를 농락하는데, 어떻게 생긴 놈인지 아직까지 얼굴도 보지 못했다. 이제는 이 녀석이 아예 깊은 곳으로 대가리를 쳐 박나 보다. 낚싯대가 연신 '욱, 욱' 소리를 내며 U자 형태를 반복 연출한다.

이렇게 시간을 오래 끌다가는 상어의 공격을 받기 십상이다. 상어는 낚시에 걸린 고기를 쉽사리 공격해서 머리만 남기고 몽땅 잘라가곤 한다.

나는 나대로 죽을 맛인데 '죠이' 와 '페트리' 는 서두르라며 계속 안달이다. 다리는 후들거리고 땀은 비 오듯 하는데 시야까지 아른거린다. 내가 버틸 수 있는 노동력의 한계를 넘겨가는 것 같다.

사실 이곳에서의 암벽낚시를 꿈꾸어 온 것이 어제 오늘의 일이 아니다. '사이판' 섬으로 트롤링낚시를 다니던 이삼년 전부터 이 섬의 암벽낚시에 관한 솔깃한 소문을 자주 들었다.

국내 잡지에도 여러 번 소개된 적이 있는 이곳의 암벽낚시는 남양 거물들의 힘찬 박력과 다양한 어종, 그리고 뛰어난 경관이 함께하므로 프로 낚시꾼들에게는 평생 한번은 꼭 와 보아야 할 환상적인 코스이다.

배에서 하는 트롤링낚시는 모터보트에 낚싯대를 꽂고 실리콘으로 만든 가짜 미끼를 수면위로 끌고 다니면 고기가 따라오며 미끼를 공격한다. 고기가 낚시에 걸리면 전동 릴을 사용하여 가까이 끌어온 후 쇠갈고리가 달린 '갸프' 로 찍어 배에 올리면 그만이다.

보통은 참치종류를 노리게 되는데 어제 '사이판' 에서 '티니안' 쪽으로 나갔던 트롤링낚시에서는 참치 축에 끼지도 못하는 5kg급 '옐로핀 튜나' 몇 마리와 맛없는10kg급 '레인보우 피시' 한 마리를 잡았을 뿐이었다.

출항을 앞둔 선장들은 하나같이 큰소리를 쳤지만 돌아올 때의 어획고는 대부분 형편없었다. 낚싯배 선장들의 실전능력과 변명실력은 언제나 반비례했다.

트롤링낚시를 나갈 때마다 그토록 염원하며 꿈에 그리던 청새치, 즉 '블루마린' 과는 아직 한 번도 조우해 보지 못했다.

제대로 자란 '블루마린' 은 한 마리가 보통 300kg이 넘는다. 500kg에 이르는 녀석도 있다. 뾰족한 주둥이 길이만도 1m가 넘는다. 트롤링낚시를 하다가 그 주둥이에 꿰어져 비명횡사한 낚시꾼이 한둘이 아니다. 블루마린은 그 생김새도 준수하려니와 힘 좋고 맛좋은 고급 어종이어서 큰 것은 한 마리 값이 수천달러에 이른다.

'옐로핀' 은 주변에 흔해빠진 싸구려 참치통조림을 만드는 어종인데 잡자마자 급 냉동이 필요하므로 서울까지 가져갈 수 없어 잡으면 현지에서 교민들에게 공짜로 나누어주곤 한다.

내가 낚시를 즐기게 된 동기는 순전히 지금은 없어진 그 옛날 고향집 앞의 방죽 때문이었다. 아주 어렸을 때부터 방죽에 가서 대나무에 바느질실을 묶은 멍텅구리낚시로 송사리를 낚았으며 방죽의 물이 빠지면 맨손으로 민물고기들을 더듬어 잡았다.

저녁때 개구리를 꿴 몽둥이 낚싯대들을 방죽가에 몇 개씩 던져놓았다가 이튿날 건져 올리면 낚시마다 멍청한 가물치들이 대롱대롱 매달려 있었다.

뱀장어 낚시도 꽤나 원시적이었다. 해질녘쯤 긴 줄에 간밤 석유남포등을 향해 날아들었던 땅강아지를 꿴 명태낚시와 돌멩이를 함께 매달아 방죽 깊은 곳에 던져 놓으면 밤새 커다란 뱀장어들이 물고 늘어졌다. 물안개 자욱한 새벽에 낚시를 걷어 올리면 배때기가 노오란 뱀장어들이 온몸을 비비꼬며 끌려나왔다.

양동이 속에서 서로 엉킨 채 끙끙대던 그 녀석들은 우리 집 부엌 도마에 못 박혀 껍질이 벗겨진 후 곧바로 뱀장어 고추장구이로 둔갑해 밥상을 멋지게 장식해 주었다.

장마철이 되어 비가 많이 내리면 온 들녘에 붕어와 미꾸라지, 피라미 떼들이 넘쳐났다. 대나무로 엮은 기다란 시험관 같은 '용수'를 밤새 경치 좋은 동네 앞 냇가의 지천인 도랑에 거꾸로 박아두면 더 이상 물길을 거슬러 올라가지 못하게 된 미꾸라지 떼들이 용수 속에서 와글댔다. 용수란 원래 술독에 박아놓고 안에 고이는 막걸리를 떠내기 위한 용구였지만 때로는 그렇게 아주 좋은 어구가 되어 주곤 했다.

이른 아침에 녀석들 몰래 살금살금 다가가 용수의 주둥이를 쳐들기만 하면 미꾸라지들의 생사여탈권은 모조리 내게로 넘어온다. 그걸 여기저기 몇 개만 설치해두면 바가지로 수확하는 것도 어렵지 않았다.

아니면 곡식에서 모래를 걸러낼 때 쓰는 '얼레미' 같은 것들로 도랑에서 시글시글 소란을 떨던 붕어나 피라미 녀석들을 마구 '바께스'에 쓸어 담아 와도 된다. 그러면 어머니께서는 의례 가마솥에 장작불을 지피고 얼큰한 추어탕이나 시래기 매운탕을 끓이시곤 했다.

중학교 다닐 때부터 시작했던 붕어 낚시는 내가 다양한 낚시를 즐기는 진짜 낚시꾼으로 성장하게 하는 동기를 마련해 주었다. '시누대' 를 끼워 맞춘 울긋불긋한 대나무 낚싯대로부터 지금 사용하는 최고급 '하이카본 슈퍼플렉스' 낚싯대까지 그 발전사를 모조리 외울 수 있다.

떡밥이나 새우를 미끼로 하는 붕어나 잉어낚시, '스푼루어' 를 사용하는 쏘가리낚시도 즐긴다. '웜' 으로 하는 배스낚시, 그림자조차 숨겨가며 '플라이' 를 캐스팅해야하는 산천어나 송어낚시는 조용하면서도 긴박한 스릴에 넘친다.

견지에 구더기를 미끼로 하는 빙어나 끄리, 멍짜 낚시도 한다. 씨고기를 앞에 달고 유인하며 물 맑은 하천에서 낚아 올리는 은어낚시도 재미있다. 은어는 산 채로 썰어 초고추장에 찍어 먹어야 제 맛이 나는데 시원하면서도 상큼한 수박 향이 일품이다.

은어가 잡히는 산 좋고 물 맑은 냇가 그늘아래 돗자리 한 장 깔고 금방 잡은 은어 회에 소주라도 몇 잔 곁들이면 세상사 부러울 게 없어진다.
바다낚시는 구멍찌낚시가 제일 예술적이다. 일정한 깊이를 유지하도록 실로 묶은 '스토퍼' 를 낚싯줄에 단다. 그리고 '스토퍼' 를 통과하지 못하는 작은 구멍이 뚫린 동그란 구멍 찌를 줄에 끼우면 일정한 수심을 유지하면서 바닥에 걸리지 않게 조류에 따라 미끼를 회유시킬 수 있다. 고기가 입질을 하면 빨갛고 노랗게 색칠을 한 찌가 서서히 물속으로 잠겨든다.
주로 도미종류를 노리는 이러한 낚시들은 박력과 묘미가 넘친다. 푸르른 바닷물 속으로 빨려가는 찌, 역동적인 챔 질의 순간과 휘어지며 경련하는 낚싯대, 피잉 울어대는 낚싯줄, 그리고 끌려나오면서 수면을 박차고 물보라를 일으키는 녀석들!
모두가 상상만으로도 가슴 설레는 장면들이 아닐 수 없다.
여기에다 심지어 가짜 '웜' 미끼에 지독한 썩은 냄새를 풍기는 통조림 '소스' 를 잔뜩 발라서 낚는 미국 '인디애나 주' 의 '챤넬메기' 낚시나 1달러에 꼭 스무 마리씩 파는 멸치만한 생미끼로 낚는 '스몰마우스 배스' , 콩알만 한 가짜 야광충으로 유인해 낚는 '미시간 호' 의 괴물 '스틸헤드' 낚시에서부터 바다에서 권양기로 끌어올린 후 엽총으로 사살해야만 하는 '알래스카' 의 거대한 광어 '헬리버트' , 강가에서 즐기는 '킹 새먼' 낚시까지 안 해본 것이 없다.
하지만 내가 해본 한 바다낚시의 진수는 누가 뭐라고 해도 역시 제주도의 부시리 낚시다. 부시리는 일본말로 '히라쓰' 라고 불리는 고급 어종인데 방어와 비슷하게 생겨서 잘 모르는 사람에게는 천대받기 일쑤이다.

부시리 낚시를 위해서는 노력과 시간과 경비를 참으로 많이 투입해야 한다. 일단 비행기를 타고 서울에서 제주에 간 다음 멀리 있는 작은 포구로 이동하는 데만 시간과 비용의 지출이 크다. 꼭 새벽녘에 출조해야 하므로 1박은 필수적이다.

그리고 낚시 포인트까지 한 시간 이상의 항해를 해야 하므로 최소한 5톤이 넘는 어선을 전세 내되 2명이상 탔다가는 낭패를 보기 십상이다. 고기의 힘이 워낙 세서 서로의 낚싯줄이 교차되지 않아야 하기 때문이다. 비록 바닷물속이라 해도 줄이 교차되는 순간 마찰열로 순식간에 끊어져버린다.

그리고 배에는 온갖 낚시장비와 함께 비싼 크릴도 최소한 몇 박스는 실어야 한다. 두부처럼 모나게 얼려진 남극 크릴은 생김새나 크기가 새우 같지만 실은 훨씬 하등생물인 플랑크톤 종류이다. 이를 썰망에 담아 선미에 걸어두면 바닷물에 서서히 녹으면서 조금씩 썰망을 빠져나가 조류를 타고 천천히 가라앉으며 계속 흘러간다.

여기에 크릴을 꿴 낚시 바늘을 같이 흘려주면 바다 깊은 곳에서 떠내려가는 크릴을 정신없이 받아먹던 도미나 부시리가 이 낚시에 걸리게 되는 것이다.

낭창낭창한 낚싯대에 걸린 고기들은 무시무시한 힘으로 저항하며 깊은 바다 속으로 마구 치닫는데 이를 끌어내는 과정이 참으로 역동적이다. 어떤 때는 낚싯대가 부러지거나 원줄이 끊어지기도 하는데 그것은 순간순간 효과적으로 대처하지 못하는 미숙함 때문이다. 낚시에 걸린 고기의 크기와 치고나가는 방향, 그리고 수심에 따라 줄을 풀어주거나 감아주면서 낚싯대의 탄력을 이용해 유연하게 대처해야만 하는 것이다.

등푸른 생선인 근육질의 부시리가 물속에서 순간적으로 뿜어내는 괴력이 어느 정도인지 겪어보지 않은 사람은 짐작도 할 수 없다. 정면대결로는 아무리 강한 낚시장비를 사용한다 해도 이겨내기 어렵다. 힘으로 맞대결하면 낚시 바늘이 부러지거나 목줄이 끊어져 거의 다 놓치게 된다.

사실 1m급 녀석을 두어 마리만 끌어내면 어지간한 체력을 가진 사람이라도 완전녹초가 되어 더 이상 낚시를 계속하기 힘들다. 더구나 부시리 낚시는 조류를 타야하기 때문에 하루 종일 되는 것이 아니고 기껏해야 하루에 한 두 시간밖에 기회가 주어지질 않는다.

그것도 날씨와 파도, 물 때 등이 맞지 않아 세 번을 출조해야 겨우 한번쯤 대결을 벌일 수 있을 정도이다.

이러한 선상 낚시는 그래도 깨끗하고 편안한 편이어서 귀족낚시 축에 들지만 오늘 여기서 시도하는 '바텀' 낚시는 정말 야만스럽고 무식한 낚시이다.

보통 배낚시에서는 3호대로 5kg급을, 5호대로는 10kg급을 노릴 수 있지만 지금 사용하는 300호대는 예전에 한 번도 써 본적이 없는 중장비이다. 낚시 바늘이 너무나 커서 어지간한 잡고기들의 입에는 아예 들어가지도 않는다.

송아지 코뚜레만한 낚시 바늘에 목줄은 코팅된 '스테인리스 스틸 와이어', 본 줄은 150파운드 '케블러', 미끼로는 커다란 식용 냉동 고등어 한 마리를 통째로 꿴 다음 300그램짜리 납덩어리를 달아 깊이30미터가 넘는 해저에 쳐 넣는다.

10m 가 넘는 깎아지른 절벽위에서 단 한번 만이라도 발을 헛디디면 그대로 마지막이다. 집채만 한 파도가 들이치는 암벽에서 구조란 거의 불가능하다. 우리가 이 섬에 오기 열흘 전에도 필리핀인 낚시꾼 한명이 고기와 씨름하다 절벽에서 떨어져 실종되었다는 으스스한 소식도 들었다.

이러한 위험을 무릅쓰고 모험을 벌이는 일행모두가 노리는 타깃은 오직 단 한 마리다. 내가 고기를 걸자마자 '죠이' 는 재빨리 제 낚싯대를 걷어주었다. 만약 욕심을 부리다가 줄이 서로 엉키면 그 순간으로 끝이다. 이러한 괴력 앞에 겹쳐진 줄은 곧바로 터지게 되어있기 때문이다. 그러므로 이 녀석을 끌어내거나 아니면 떨어뜨릴 때까지 '죠이' 와 '페트리' 는 한낱 조수이자 관전자일 뿐이다.

아마도 내가 요행히 이 녀석을 끌어낸다면 장정 셋이서 이 한 마리 조차도 제대로 운반하거나 다 처치하지 못할 것이 분명하므로 아쉽지만 즉시 모두 철수하게 될 것이다.

서로 끌고 당기는 시간이 길어지면서 힘이 모두 빠져버려 온몸이 물에 젖은 솜덩이처럼 푸석푸석해진 것 같다.

이 녀석을 뭍으로 끌어낸다는 것은 점점 현실과는 거리가 먼 꿈속의 일처럼 느껴졌다.

잠깐 주저앉아 물이라도 좀 마시고 싶었지만 녀석은 단 1초도 쉴 시간을 주지 않는다. 만일 한 손으로만 낚싯대를 잡고 딴 짓을 하다가는 어느 순간에 낚싯대를 빼앗겨버릴지 알 수가 없었다.

더 어두워지기 전에 마무리를 해야 될 텐데 시간이 흐를수록 자신감이 사라져간다. 입안이 바짝바짝 타오르고 흐르는 땀으로 눈조차 제대로 뜰 수 없다. 어렵사리 10미터를 감아 놓으니 다시 20미터를 차고 나간다.

'죠이' 는 이 녀석이 노는 모습으로 보아 거대한 도미종류가 틀림없다고 옆에서 나불댄다. 일견 맞는 소리였다. 도미종류가 아니고서는 이렇게 무지막지한 힘으로 끝없이 내리박는 고기란 없다.

한국엔 아직 한 번도 와 본적이 없다는 미국 '아리조나' 주의 현직 경찰관이다. 휴가를 맞아 낚시를 즐기러 '사이판' 섬까지 혼자서 왔다는 칠척장신이다. 완전한 백인은 아닌 것 같고 약간의 '히스패닉' 계 혼혈 분위기다.

그를 사이판의 한 낚시점에서 만나 의기투합한 것이 어제 밤의 일이다. 그리고 오늘아침 '세스나' 경비행기를 전세 내어 사이판 국제공항에서부터 한 시간을 날아 여기까지 왔지만 내가 고기를 걸자마자 정작 제 낚싯대는 접어두고 팔짱을 끼고 점잖게 관전만 하고 있을 뿐이다.

'사이판' 현지인인 '페트리' 는 폴리네시안 '차모로 족' 이다. 직업이 프로 낚시가이드인 그는 로프 끝에 네 발 갈고리를 연결한 '갸프' 를 한손에 들고 절벽 가장자리에서 연신 바다 위를 응시하며 녀석이 얼굴을 내밀기만 고대하고 있다. 답답해진 '페트리' 가 또 나에게 고함친다.

"허리 엎, 허리 엎!"

어느새 동녘하늘에 첫 별이 보인다. 남태평양의 별빛들은 정말 아름답고도 찬란하다.

'사이판' 에서 출발하여 이 섬으로 오는 경비행기 안에서 '죠이' 에게 우리나라엔 '아리조나주' 에 관한, 1950년대부터 전래된 옛날노래가 한 곡 있다고 말해주었더니 깜짝 놀라며 한번 불러 달랜다. 그래서 음치주제에 "역마차는 달려간다- 아리조나 카우보이--" 로 이어지는 '아리조나 카우보이' 를 읊어 주었다. '죠이' 는 시끄러운 프로펠러소음 속에서도 그 노래를 듣고 '나이스' 를 연발했다. 무엇이 '나이스' 였는지는 몰라도….

이 녀석과 맞붙은 지 한 시간이 지났다. 녀석도 이젠 지쳤는지 줄이 조금씩 모아진다. 약간 비겁하긴 하지만 잠깐씩 낚싯대 끝을 허리 높이의 바위틈에 살짝 의지하고 '릴링' 을 해도 될 만큼 상황이 좋아졌다.

'죠이' 도 벼랑 끝에 머리를 내밀고 계속 수면을 응시한다. 하지만 하얗게 부서지는 파도의 잔영 외엔 아무것도 보일리가 없었다. 녀석은 아직도 80미터나 저쪽에 있었던 것이다.

살금살금 감아내다가 다시 기습을 받았다. 쌔-앵하고 휠이 역회전하며 낚싯대 마디마디에서 우두둑 소리가 났다. 이젠 드랙을 더 이상 조일 힘도 없었다.

녀석이 멀리서 파도위로 솟구치며 수면에 하얀 물보라를 일으켰다. 그리곤 마치 어뢰처럼 물살을 가르며 순식간에 까마득히 내빼버린다. 사정없이 줄이 풀려나가는 것을 보고 그냥 풀썩 주저앉아 버리고 싶은 것을 간신히 참아냈다. 이렇게 온몸이 사시나무처럼 후둘거리는 상태에선 도저히 승산이 없을 것 같았다.

줄을 도로 풀어주다니 '도대체 뭐하는 거야' 하며 뒤돌아보는 '죠이'를 보고 내 체력의 한계를 뼈저리게 느꼈다. 이젠 그만 낚시꾼의 자존심을 꺾을 때가 되었나 보다.

팔짱을 낀 채 어둠에 물든 수평선을 배경으로 조각 작품처럼 서 있는 '죠이'의 우람한 팔뚝을 부러움 반, 시기심 반으로 훔쳐보다가 두 눈 딱 감고 낚싯대를 '죠이' 쪽으로 뉘었다.

"아임 쏘리. 헬프 미, 플리즈. 헉헉-"

그러나 역시 그는 나보다 훨씬 더 멋진 낚시꾼이었다. 뒤돌아보지도 않고 둔중한 바리톤 목청으로 되받아 친다.

"노 프로블럼…유 캔 두 잇!"

머시라? 낯 뜨겁게 시리… 그래, 좋다. 어디 한번 해보자! 다시 전력으로 '릴링' 을 시작했다. 우우 욱-핑핑 핑- 낚싯대와 낚싯줄이 함께 울어댄다. 에라 모르겠다, 너나 나나 이젠 죽기 아니면 살기 둘 중 하나다!

젖 먹던 힘을 다해 낚싯대를 뒤로 젖히며 있는 대로 감아올리는데 갑자기 탄성이 터졌다. 드디어 놈이 수면위로 모습을 드러낸 것이다. 커다란 몸집을 비스듬히 옆으로 누이고 떠우른 뒤 곧 허여멀건 배를 수면 위로 드러낸 채 파도 위에 출현한 녀석의 정체는 예상대로 참돔! '아까다이' 하는 고함이 터졌다. 제대로 된 이름은 참돔의 한 종류인 홍돔이다. 일본사람들이 특히 좋아한다는 최고급 횟감이었다.

이젠 절반은 성공이다. 놈에게 바람을 잔뜩 먹여 힘을 빼놓고 로프에 매단 갸프를 낚싯줄에 태워 내려 보내 걸어 올리면 되는 것이다. 깊은 바다에서 올라온 녀석들이 공기를 들이마시면 부레가 부풀어 올라 더 이상 맥을 추지 못하게 된다.

파도에 따라 낚싯대를 올렸다 내렸다하며 녀석에게 바람을 먹이면서 천천히 절벽 밑으로 어프로치 시켰다.

'죠이' 가 절벽 끝에서 낚싯줄을 한 손으로 잡고 '갸프' 를 걸었다. 커다란 네발 갈고리가 낚싯줄을 타고 이미 어두워진 수면 위로 쭈-욱 내려간다. 옆에서 '랜턴' 을 들고 비추며 로프를 풀어주던 '페트리' 가 육중한 갈고리를 녀석의 아가미까지 내려 보낸 다음 힘차게 위로 올려 챘다.

덜커덕하며 갈고리가 녀석의 아가미에 꽂혔다.

와! 하는 환호성도 잠깐, 우당탕하며 파도를 박차고 그녀석이 다시 물속으로 대가리를 처박는 순간 지금까지 그토록 잘 버텨주었던 낚싯대의 허리가 절벽 끝에 걸리며 '따악-' 하고 두 동강이 나고 말았다. 낚싯줄조차 형체도 없이 사라져버렸지만 12호 케블러 원줄의 임무는 이미 로프에 '바톤터치' 된 다음이었다.

로프를 잡고 있던 '페트리' 의 가녀린 몸집이 벼랑 끝에서 휘청거린다. 나는 부러진 낚싯대를 내던지고 '페트리' 의 허리를 뒤에서 얼른 감싸 안았다. 그때서야 간신히 자세가 안정된 '페트리' 가 조심스럽게 로프를 '죠이' 에게 넘긴다.

내가 재빨리 뒤로 돌아가 로프를 건네 받은 '죠이' 의 벨트를 잡고 버텨주자 중심을 잡은 '죠이' 는 절벽 끝에 '스타트' 자세로 꿇어앉아 로프를 조금씩 잡아당기기 시작했다.

정말 엄청난 무게였다. 10여 미터 절벽이 이렇게 높을 줄이야… 로프를 끌어올리는 '죠이' 의 팔뚝엔 굵은 핏줄이서고 송글송글한 땀방울들이 긴장된 관자놀이에서부터 뺨을 따라 연신 주루룩 흘러내렸다.

드디어 다 올라왔다. 나는 '죠이' 와 함께 녀석을 힘껏 들어 올려 뒤쪽 돌바닥위에 팽개쳤다. 패자는 맥없이 '털썩' 하고 나가떨어졌다.

길이 1.3미터, 체중 40킬로그램의 육중한 그 녀석을 상륙시키는데 무려 두 시간이나 걸렸다. 국산 참돔과는 달리 '빵' 이 무척 두껍다. 크기도 크기려니와 두께가 훨씬 두꺼우니 힘도 그만큼 셌던 것이다.
눈동자가 탁구공만 하고 비늘 하나하나가 500원짜리 동전보다도 컸다.
녀석과 잠시 눈인사를 마치자마자 맨 먼저 한 일은 아이스박스로 달려가는 것이었다. 파김치가 되어버린 나는 부들부들 떨리는 손으로 1.5리터짜리 플라스틱 물병을 치켜들고 단 한 번도 쉬지 않고 단숨에 들이켜 버렸다.
'죠이' 와 '페트리' 는 선명한 코발트빛 예쁜 눈썹에 걸맞지 않게 날카로운 이빨을 드러내고 아가미를 벌떡거리는 그 녀석의 머리위로 허리를 굽히고 이러쿵저러쿵 이야기를 나눈다.
나는 완전녹초가 되어 온 몸이 축 늘어진 채 빈 물병을 베개 삼아 아직도 지열이 다 가시지 않은 거친 용암위에 길게 뻗었다.
아뜩 잠이 들었다가 무심코 눈을 떠 하늘을 보니 찬란한 적도의 별들이 우르르 달려든다. 서울의 하늘보다 백배나 많은 영롱한 별들… 때 묻지 않은 남태평양의 창공에서 영겁의 세월을 달려온 무수한 별빛들이 유리조각처럼 부서져 내린다.

여기는 '미크로네시아' 북단의 '마리아나제도'. '사이판' 에서부터 시작하여 세 번째에 위치한 '로타' 섬이다. 멀리 네 번째 섬인 '괌' 의 자태가 아스라이 보인다.
이곳 '로타' 는 매년 세계암벽낚시 대회가 개최되는 태평양전쟁 유물중의 하나다.

눈이 아리도록 푸르른 바닷물과 청명한 하늘이 어우러지는 우리나라의 완도만한 작은 섬이다. 대부분의 해안선이 발붙일 곳 없는 까마득한 절벽으로 이루어진 천혜의 요새이다.

섬의 동쪽으로는 신비로운 '웨딩케이크 마운틴' 을 시작으로 해변을 따라 주욱 늘어선 야자수와 은빛 백사장에 둘러싸인 고요한 '로타 만' 이 남국의 파라다이스처럼 평화로운 곳이다.

'로타' 공항 주변에는 아직도 태평양전쟁 때 격추된 비행기들의 잔해가 널려있고 섬 곳곳에 거대한 일본군 대포와 지하 동굴로 된 진지들이 즐비하다. 동굴 속을 걸어 다니면 아직도 당시의 포탄이 발에 채일 정도다.

1944년 초 태평양전쟁이 종반으로 접어들면서 '사이판', '티니안', '펠렐류' 등 남태평양의 미크로네시아 섬들로 전선이 확대되었다. 이러한 섬들은 미군의 일본본토 공습기지로 활용될 수 있는 인근 '이오지마' 와 '오끼나와' 를 방어하기 위한 사선이었다.

결국 일본군은 그 유명한 '사이판옥쇄' 에 이르게 되고 곧 주변의 '티니안', '괌', '펠렐류' 등도 차례로 미군에게 점령되어갔다.

그러나 미군이 '로타' 보다는 '이오지마(유황도)' 에 먼저 눈독을 들인 덕분에 이곳 '로타' 는 징검다리 식으로 피해가게 된다. 그 바람에 이 섬에 남아있던 일본군과 한국인 노무자를 비롯한 민간인들은 일본이 항복할 때까지 대부분 살아남을 수 있었다.

뒤 이어 '이오지마' 와 '오끼나와' 가 함락되자 태평양전쟁을 일으켰던 일본본국의 강성 군부내각이 총사퇴하고 이후 일제는 패전의 길을 걷게 된다.
남양군도중의 하나로 일제의 사탕수수 재배지였던 이곳 '로타'에 주둔했던 일본군과 조선 노무자, 군속들도 미군항공기와 함포로부터 혹독한 공격을 받아내야 했다. 대부분 남방의 뜨거운 이국땅에서 전쟁을 맞이했던 70여 년 전, 미크로네시아 군도에 강제로 끌려와 이글거리는 태양아래 노예처럼 혹사당하다가 스러져간 우리 선대들이 그 몇이었던가?
아직까지도 이곳 미크로네시아 섬들의 탄흔으로 얼룩진 격전지에는 가족들과 생이별한 채 나라 잃고 고향 떠나 짐승처럼 부려졌을 조선인들의 한숨과 땀과 눈물이 녹녹히 스며있다. 어느 누구도 사라진 속국의 민초들을 기억해주지 않는다.
지금 우리 앞에 저렇듯 눈이 시린 아름다움으로만 다가오는 남빛 수평선도 전쟁 중에 헌 신짝처럼 버려졌던 그들에게는 한스러운 생사의 경계선에 다름 아니었을 것이다.
누가 최후의 승자였고 패자였는지 혼돈스러운 현실이다. 승자는 지구를 지배하는 초강대국이 되었고 패자는 세계를 주름잡는 경제대국이 되어 밀월을 즐기고 있다.

철수를 앞두고 낚시여장을 정리하는 일행의 등 뒤에서 수평선위로 막 떠오른 창백한 만월이 한 줄기 파도와 어우러져 이 섬의 적막을 가른다.
아직도 태양의 잔열로 미지근한 바위위에 모여앉아 파도소리를 안

주삼아 아이스박스에 담아온 캔 맥주를 마신다. 마치 샴페인처럼 새하얀 거품을 내뿜던 그 시원하고도 알싸한 맥주는 목을 넘어가마자 짜르르한 전율로 다가와 소름 돋게 하더니 곧 따사로운 꽃불처럼 피곤한 몸을 어루만져 주었다.

몰려오는 고단함을 누르고 한 동안 몸과 마음을 추스린 후 사이판 숙소에서 벌어질 성대한 생선회 파티를 기대하며 낚시터를 출발했다.

가이드 '페트리' 는 부러진 낚싯대를 묶어서 중간에 그 녀석을 매달아 '죠이' 와 둘이 어깨에 메고 차를 세워둔 곳으로 향한다. 나는 장비를 들고 그들을 뒤따라 조용히 달그림자를 밟으며 언덕길을 오른다. 반짝이는 달빛은파 가득한 '로타 만' 건너편에서 '웨딩케이크 마운틴' 이 그 장엄한 자태를 드리우고 있었다.

로타공항에서는 철수 통보를 받은 세스나 기가 사이판을 향한 이륙 준비를 마치고 대기하고 있다.

우리는 곧 여기를 떠나지만 '로타' 의 아름다운 태양은 떠오르고 또 떠오를 것이다. 적막한 달빛 속에 고즈넉하게 앉아 있는 이 섬의 상징 '웨딩 케이크 마운틴' 처럼 영원토록 변함없을 '로타' 여, 잘 있거라.

김영진 수필집

먹이사슬

초판발행일 2015년 9월 18일
개정판인쇄일 2016년 1월 5일
개정판발행일 2016년 1월 15일

저 자 김 영 진
발 행 인 윤 미 용
발 행 처 참윤 퍼블리싱
등 록 번 호 제 302-2005-00002 호
ISBN No. 978-89-91668-30-0 03800

주 소 서울시 용산구 한강대로 104라길 3 (우)04333
전 화 02-3789-3670, Fax. 02-3789-3671
홈 페 이 지 www.charmyun.com
E-mail charmyun@charmyun.com

정가 18,000 원